A GUIDE TO ADVANCED FRENCH ESSAY-WRITING ON TOPICAL THEMES

Based on Extracts from *Le Figaro*

by

JAMES A. PORTER B.A.

Formerly Head of the Modern Languages Department
Rothwell Grammar School
(now Rodillian School)

THIRD EDITION

HARRAP   LONDON

First published in Great Britain 1960
by HARRAP LIMITED
19-23 Ludgate Hill, London EC4M 7PD

Reprinted: 1961; 1962; 1965;
Second edition 1968
Third edition 1972
Reprinted: 1973; 1975
Reprinted with amendments: 1977
Reprinted: 1978; 1979 (*twice*); 1980; 1982 (*twice*)

This edition © James A. Porter 1972

ISBN 0 245-51010-9

Printed and bound in Great Britain by
Robert Hartnoll Ltd. Bodmin, Cornwall

PREFACE TO THE FIRST EDITION

Like its predecessor, *A Guide to Advanced German Essay-writing on Topical Themes*, the present work aims to provide the intermediate and advanced modern language student with a wide range of lively topical material which may stimulate him to express himself easily and accurately on technical, scientific, sociological and political problems affecting both the country whose language he is studying and his own. The essays on general topics set by Examining Boards and Universities, and the oral examinations conducted at University centres, are tending increasingly—and with justification—to demand from the candidate an awareness of such problems and the ability to discuss them in the foreign language, and the Sixth Form teacher is hard put to it, as the pace of progress quickens, to find suitable and authentic material on which to draw.

The regular study of a reputable foreign newspaper provides an obvious solution to this problem, and an important part of this book consists of carefully selected extracts from articles culled from recent columns of the excellent French daily, *Le Figaro*, arranged under twenty-four section headings and dealing with such varied topics as Juvenile Delinquency, Education, Road Accidents, Careers, Science, Politics, etc. These extracts, designed to whet the appetite, are followed each in turn by supplementary material which develops and enlarges the central theme, and contains further topics for oral discussion and essay work.

It is hoped that by working his way regularly through the book—in random order if desired—the student may not only increase his command of current phraseology and vocabulary, but also his interest in the broader aspects of life around him. Furthermore, such study can profitably be related to the more traditional linguistic and literary work which is undertaken at

Sixth Form level and beyond. It is suggested the material be treated on the following lines:

1. The extract is read at speed for general content, then analysed and paraphrased orally—in French as far as possible—to explain vocabulary and idiom. Basic word-roots may in almost all cases be linked with academic vocabulary.

2. The extract may now, if desired, be translated into English. This in itself is useful supplementary practice in Unseen translation.

3. After further study of the article, and discussion in French of the points made in it, the supplementary material is similarly studied, and oral discussion and written essays carried out on the allied topics suggested.

4. Students should be urged to memorize as much as possible not only of the specialized vocabulary, but also of the basic phraseology used in discussion and debate in French. Such material will be found to have a strong 'carry-over' into later essays and oral discussions on quite different topics.

Since the book is intended for students who already possess a good grounding in French, English meanings are not normally given in the supplementary material unless a word is an obvious neologism, has an exact counterpart in English jargon, or might be expected to present some difficulty to the average Sixth-former. In the supplementary material the sign / is used to separate words and phrases which are either synonyms or closely parallel in meaning or application.

An alphabetical French–English vocabulary at the end of the book explains the more difficult words and phrases encountered in the newspaper extracts. This vocabulary will also prove useful in breaking down words not explained in the supplementary material.

My thanks are due to Monsieur Pierre Brisson, Director of

Le Figaro, for kindly granting me permission to use the extracts which form the framework of the book. I also acknowledge with gratitude the help and encouragement of numerous friends and colleagues both abroad and at home.

J. A. P.

PREFACE TO THE SECOND EDITION

This second, revised and enlarged, edition represents an attempt to bring the work fully up to date after an interval of eight years. The task of extending themes already treated in the first edition proved in the event a less drastic process than might have been supposed from the rapid march of events in the 1960s; truly, *plus ça change, plus c'est la même chose.* I believe the main themes retained from the original work to be of perennial interest to the student of human affairs and of the French language alike. This material I have revised and elaborated in the light of recent events, adding to it where necessary fresher contributions from the pages of *Le Figaro*.

Finally, two entirely new sections—Section XXV (THE CONQUEST OF SPACE—PHASE TWO) and Section XXVI (TOWARDS THE SEVENTIES)—point forward to possible developments in the last third of the century.

J. A. P.

PREFACE TO THE THIRD EDITION

The underlying aim of this work—to enable the student to examine through the medium of the current French language the myriad problems facing man in today's world—inevitably demands regular revision of the illustrative material and factual comment supplied as a basis for analysis and self-expression.

The present, third edition, whilst retaining the broad lines of the original work, contains a considerable transplant of fresh material: in all, 27 new extracts are provided from the pages of *Le Figaro*, together with 2 factual articles from the official publication *Brèves Nouvelles de France*. As on previous occasions, I am again indebted to *Le Figaro* for their kind permission to reproduce copyright material in this edition. There has been a slight re-structuring of themes treated, and all supplementary material has been thoroughly revised in the light of recent developments.

It is hoped that in its new form the book will illuminate for further generations of students the path into the future.

J. A. P.

CONTENTS

page

I. JUVENILE DELINQUENCY

THE TEENAGER PROBLEM 13
L'adolescence actuelle: tourment de la famille et de la nation
Les jeunes drogués
Supplementary Material 15

II. ANTI-NOISE CAMPAIGN

NOISE ANNOYS 18
La lutte contre le bruit
Supplementary Material 19

III. CRIME AND PUNISHMENT

THE DEATH PENALTY 21
La peine capitale et la société
Supplementary Material 22

IV. EDUCATION

1. PLANNING FOR A NEW ERA 25
Problèmes communs de l'éducation
Supplementary Material 26
2. EXAMINATION BLUES 29
Le 'bac' commence demain
Supplementary Material 30

V. HOLIDAY PLANNING

STAGGERED HOLIDAYS? 33
L'étalement des vacances
Supplementary Material 34

VI. ALCOHOLISM

A DROP TOO MUCH 37
L'alcool et la jeunesse
Supplementary Material 38

page

VII. CLEAN AIR CAMPAIGN

SMOG   40
Le danger croissant de l'air toxique
Supplementary Material   41

VIII. THE ANIMAL KINGDOM

MAN AND BEAST   43
Inutile cruauté
Supplementary Material   44

IX. A WOMAN'S PLACE

HOME AND AWAY   46
Les femmes résistent à la réforme
Supplementary Material   47

X. MEDICAL MATTERS

MAN AND HIS MALADIES   49
La transplantation cardiaque
Supplementary Material   50

XI. SPORT

THE PLAYING-FIELDS OF THE WORLD   52
L'Angleterre éliminée
Vers la Coupe du Monde, en 1974, à Munich
Supplementary Material   53

XII. CHOOSING A CAREER

1. JOBS FOR THE BOYS   57
2. — AND THE GIRLS   59

XIII. AUTOMATION

Gestion automatisée et humanisme
Supplementary Material   62

XIV. RACIAL INTOLERANCE

A SHADOW FROM THE PAST   63
Le mystère des croix gammées
Supplementary Material   64

page

XV. UNDER-DEVELOPED COUNTRIES

FAMINE HAUNTS THE GLOBE 66
Des millions dans la misère
Supplementary Material 67

XVI. T.V. AND ALLIED TOPICS

1. THE MEDIUM AND THE MESSAGE 69
   La T.V. et le théâtre
   Supplementary Material 70
2. EYE OF THE WORLD 72
   La Coupe du Monde en 'Mondovision'
   Supplementary Material 73

XVII. ROAD ACCIDENTS

1. SLAUGHTER ON THE AVENUE 76
   Bilan du week-end de la Pentecôte
   Supplementary Material 77
2. TRAFFIC PROBLEMS 80
   Stationnement payant
   Supplementary Material 81

XVIII. AVIATION AND MOTORING

1. THE JET AGE 83
   Un 'Boeing 747' descend les Champs-Élysées
   Supplementary Material 84
2. CAR TRENDS 85
   Expérience originale de Citroën
   La 'Vega 2300'
   Supplementary Material 87

XIX. BRITISH POLITICS

EVERY CHILD THAT'S BORN ALIVE ... 88
L'Annonce des élections générales
M. Heath a formé son gouvernement
Supplementary Material 90

page

XX. INTERNATIONAL POLITICS

1. DIPLOMATIC ACTIVITY   92
   Négociations soviéto-américaines
   La coopération franco-allemande
   La coopération franco-soviétique
   Supplementary Material   94
2. THE WAR CONTINUES   96
   L'Israël refuse un accord de paix temporaire
3. THE ATOMIC DILEMMA   97
   Les armes atomiques tactiques

XXI. COMMON MARKET

"Cette fois nous devons réussir!"
Supplementary Material   100

XXII. SCIENCE FACT

THE CONQUEST OF SPACE   105
Course à la Lune — les débuts
Vol de routine vers la Lune
Cela vaut-il la peine?
Supplementary Material   107

XXIII. PROBLEMS OF THE ATOMIC AGE

La 'poubelle' des déchets radioactifs
Supplementary Material   112

XXIV. TOWARDS THE FUTURE

Perspectives pour l'an 2000   115

FRENCH–ENGLISH VOCABULARY   117

I. JUVENILE DELINQUENCY

THE TEENAGER PROBLEM

*L'adolescence actuelle: tourment de
la famille et de la nation*

— Nous mollissons alors que l'adolescent se durcit, et la sanction juste est trop souvent remplacée par une mesure médicale inapplicable et inefficace ou une attitude psychopédagogique trop tardive.

Devant 800 spécialistes de l'enfance inadaptée, médecins, magistrats, administrateurs ou éducateurs, le docteur Lafon essayait ainsi d'expliquer et de comprendre l'adolescence actuelle, « *tourment des parents, et aussi de la nation* », en soulignant avec vigueur que rien n'était plus urgent qu'une telle analyse puisque, en 1966, il y aura 60% d'adolescents de plus que maintenant.

A ce phénomène mondial, on a donné des noms de fantaisie, différents selon les pays, tout en relevant trois causes communes: la maturité plus rapide des adolescents, la prolongation de la scolarité qui fait qu'il y a, pendant les vacances, beaucoup plus de jeunes désœuvrés et démunis de moyens financiers, et enfin la démission des parents.

— On nous cite des villes, poursuivit le président de l'U.N.A.R., *où l'on a déjà peur des adolescents. L'année prochaine, pourrons-nous nous reposer tranquilles sur certaines plages? Quand la gangrène attaque un membre, c'est souvent une mesure énergique, l'amputation, qui sauve la vie. Ici, l'urgence, c'est la sanction sévère, puis on recherchera les causes. Méfions-nous de ne pas être porteurs de germes par nos faiblesses, nos démissions et nos systèmes.*

L'avertissement est sévère en raison surtout de la qualité et de la compétence de ceux qui le donnent. Chacun des participants de ce congrès apporte, en effet, ici, son expérience des garçons et des filles. Ils font tous leur cette définition que donnait un psychiatre de Bordeaux, le professeur Delmas-Marsalet, qui présidait la séance d'ouverture en présence de toutes les personnalités officielles :

— *L'enfant demande l'amour et la stabilité. C'est de là qu'il tire le sentiment de sécurité dont il a essentiellement besoin.*

Si l'un ou l'autre de ces facteurs vient à manquer — dans le milieu familial notamment — alors, d'autres formules doivent intervenir, et c'est souvent l'internat dans un centre spécialisé. Que vaut celui-ci, quels doivent être ses rapports avec le monde extérieur, la famille, le travail, etc., tel est le thème du congrès.

October 26, 1959

Les jeunes drogués

Le souvenir de l'apprentie coiffeuse, Martine A..., 17 ans, morte le 25 août dernier à Bandol après avoir subi une piqûre d'héroïne, hantera demain la salle du tribunal de grande instance de Toulon.

Dans le box des prévenus, neuf garçons et filles, tous mineurs, répondront d'infraction à la réglementation des stupéfiants. Un dixième, Roger Ferrand, 20 ans, sera jugé pour homicide involontaire et usage de stupéfiants.

Après le décès de Martine, dont le corps avait été découvert dans un local du casino de Bandol, les spécialistes du S.R.P.J. de Marseille constatèrent que la station balnéaire abritait depuis le début de l'année une véritable communauté de drogués. Chaque nuit, garçons et filles se retrouvaient sous une tente installée non loin de l'église. Là, ils se piquaient à l'héroïne ou fumaient de la marijuana.

Les enquêteurs eurent tôt fait de mettre la main sur Roger Ferrand, qui avoua avoir pratiqué la piqûre fatale. C'était un beatnik qui entendait « vivre sa vie », mais c'était surtout un drogué et un fournisseur de drogue.

Il en était arrivé à ce stade après avoir rencontré deux trafiquants plus ou moins travestis en clochards et qui disaient avoir trouvé un refuge dans la fumée de marijuana. Après la

cigarette, ce furent les prises d'héroïne, puis les piqûres...
Ferrand fit vite de nombreux adeptes. Parmi ceux-ci Martine
qui, le 25 août, en proie à une nervosité excessive due au
« manque », partit à sa recherche. Elle découvrit Roger sur le
port. Il était muni de son inséparable seringue. Elle lui demanda de la piquer.

Plusieurs autres jeunes gens furent bientôt appréhendés.
Ce n'était que le début d'une vaste campagne antidrogue
déclenchée dans toute la France et qui se poursuit sans trêve
depuis lors.

January 29, 1970

SUPPLEMENTARY MATERIAL

Pourquoi tant de jeunes gens deviennent-ils des délinquants ?

la jeunesse délinquante / dévoyée / déséquilibrée / dépravée /
    désaxée
les 'moins de vingt ans'
chercher la bagarre (*brawling, trouble-making*) pour le plaisir
des bandes qui rôdent (*prowl*) dans les rues la nuit
les voyous (*hooligans*) qui frappent les passants à coups de
    chaînes de bicyclettes
la vogue des blue-jeans — pantalons de toile bleue souvent
    déteints à l'eau de Javel (*toned down with washing-bleach*)
la popularité du scooter
se livrer à l'alcool, à la violence, aux drogues (*f.pl.*)
se laisser pousser les cheveux dans le cou
les cheveux tondus à ras ('*crew-cut*')
un chandail à col roulé (*turtle-necked sweater*)
les avant-bras ornés de tatouages (*tattooing*)
être entraîné (*led on*) par des amis indésirables
arborer (here: *to flaunt*) un air cynique et méprisant copié sur
    l'expression d'un acteur de films
la révolte contre les parents, les adultes, la police
Souvent le problème racial se pose.

Les causes du problème

1. la pauvreté; le manque de logements — des familles de trois enfants vivant dans une seule pièce dans des conditions abrutissantes

   Mais il faut avouer que la jeunesse dévoyée se recrute aussi bien dans les quartiers bourgeois!

2. l'alcoolisme du père ou de la mère

3. les parents qui travaillent tous deux et ne peuvent pas s'occuper des gosses ('*kids*')

   Souvent le père renonce à son rôle d'éducateur / abdique son droit de contrôle.

   L'influence du père diminue, celle du monde extérieur augmente. L'enfant règne chez lui.

4. Une situation de famille irrégulière aggrave ces facteurs.

   le divorce / la séparation

   effet de ce désaccord (*lack of harmony*) sur la personnalité de l'enfant, qui devient une sorte d'arme (*weapon*) dont les deux époux se servent pour se tourmenter l'un l'autre

5. le niveau de vie du point de vue matériel (*standard of living measured materially*) qui augmente d'année en année

   Les jeunes gens ont trop d'argent de poche, gagnent trop en débutant dans leur métier.

   l'influence du cinéma, de la télévision, de la mauvaise lecture

6. raisons psychologiques: le besoin d'être estimé, d'appartenir à un groupe, de se conformer à un modèle

   La rencontre avec ses copains (*pals*) de la bande soulage la sensation d'être seul, isolé. Le but (*aim*) individuel devient un but collectif.

   le conflit entre les générations; l'horrible fossé qui sépare les adolescents de leurs aînés (*elders*), qu'ils appellent des 'croulants' (*decrepit 'squares'*), des 'B.P.L.C.' ('bons pour les chrysanthèmes')

La solution de ce problème

la répression

les 'clubs de prévention'

l'aménagement d'espaces verts, de stades (*m.*) (*sports grounds*),
de piscines, la fourniture de matériel sportif

Les psychologues, les médecins, les sociologues, les enseignants
(*teachers*), les membres de l'assistance sociale, la police, tous
s'efforcent de prendre des mesures en vue de résoudre ce
grave problème.

Le service militaire suffit-il à changer les idées de ces voyous?

Une enquête menée (*a survey made*) en 1970 a révélé que 70%
de la population française estimait que le service militaire
était nécessaire et formateur (*character-forming*).

À partir du 1er novembre 1970, la durée du service en France
est de douze mois. Les jeunes gens sont appelés sous les
drapeaux à l'âge de 19 ans.

l'importance de la discipline, des activités physiques

réformer quelqu'un et l'intégrer dans la société

Il ne faut pas trop dramatiser; beaucoup de ces jeunes dévoyés
deviennent finalement de bons citoyens.

Le 16 février 1970, environ 3 millions de jeunes britanniques
ont accédé au droit de vote et à la responsabilité civile.

Les amitiés adolescentes

L'amitié est-elle possible entre garçons et filles?

Approuvez-vous le principe américain de la partenaire unique
chez les jeunes gens? Ou bien, préférez-vous faire de temps
en temps de nouvelles connaissances?

II. ANTI-NOISE CAMPAIGN

Noise Annoys

La lutte contre le bruit

Il existe un texte que tout le monde ignore, mais qui est au *Code de la route* et permet de vaincre immédiatement le bruit le plus gênant et le plus détesté de tous, par son insolence inutile et les heures où il se produit: celui des engins à deux roues et spécialement des trois-roues de livraison, les pires de tous; c'est l'arrêté du 3 avril 1957, article 2, qui interdit formellement aux engins à moteurs de ces machines de faire plus de bruit que celui du mécanisme. On ne doit pas pouvoir le distinguer au-dessus du bruit normal de roulement.

Car cela est possible. Il existe déjà des motos et vélomoteurs que l'on entend très peu. Il faut exiger que les autres se mettent à l'alignement...

— N'importe quel agent, nous disait hier un haut fonctionnaire de la préfecture de police, pourra distinguer le bruit du moteur au-dessus de celui du mécanisme, et relever la contravention. C'est la fin des sonomètres qui n'ont jamais rien donné, et il n'y a qu'à appliquer ce précieux arrêté. On n'avait rien fait il y a deux ans parce que cela déplaisait aux ingénieurs en motos. Or il n'est pas admissible qu'une moto de un cheval fasse cent fois le bruit d'une auto de cent chevaux. Et moins admissible encore de réveiller trois cent mille personnes pour amuser un égoïste ou un mal élevé...

Quand on aura fait taire les deux-roues scandaleux, il y aura encore beaucoup à faire contre les gens qui attachent des transistors sur leur chien en promenade, ou promènent leur engin pendu au cou, comme une mère hottentote, contre ceux qui jettent les poubelles à la volée, contre ceux qui prétendent nous infliger en avion — Dieu du ciel! — la musique

18

que l'on a bien fait, après échec, de supprimer dans les trains.

L'homme moderne — et la femme aussi — désirent la paix.

November 3, 1959

SUPPLEMENTARY MATERIAL

Le bruit: un des fléaux (scourges) *de la vie moderne*

les sources du bruit:

les avions à réaction (*jet planes*) qui décollent (*take off*) près des agglomérations (*built-up areas*)

les motocyclettes (*f.*) qui pétaradent (*back-fire*)

les cloches et les carillons

les pics à air comprimé (*pneumatic drills*)

le claquement des portières d'auto la nuit

les machines à écrire dans les bureaux

les riveuses (*riveting-machines*) dans les usines

Le bruit comporte pour la santé des dangers aussi graves que la pollution de l'atmosphère (*f.*).

la guerre des nerfs

le problème du bruit dans les hôpitaux

les effets physiologiques: affaiblissement de l'ouïe (*f.*) (*impairment of hearing*); la fatigue; les dérangements gastriques (*stomach upsets*); les maux de tête

les effets psychiques: l'irritabilité; les maladies mentales

les effets dans le domaine de l'économie: l'amoindrissement du rendement industriel (*decline in industrial output*) dû à l'intoxication mentale des ouvriers

Les mesures à prendre:

un programme de surveillance et de contrôle acoustique des environs des aéroports

Réussira-t-on à construire des réacteurs ('*jets*') moins bruyants?

Le gouvernement accorde depuis 1965 des subventions (*subsidies*) qui permettront l'insonorisation (*sound-proofing*) partielle des maisons dans le voisinage de l'aéroport de Londres.

le problème du 'bang' (la détonation produite par un avion en franchissant le mur du son)

En France, comme en Angleterre, des groupes de techniciens ont été chargés d'étudier les effets de ces détonations sur les gens et les matériaux. En septembre 1965, le ministre des Armées françaises a pris des mesures qui répondent aux protestations et aux plaintes du grand public. L'altitude minimum autorisée pour les vols supersoniques est portée de 8.000 à 10.000 m., et il est désormais interdit aux pilotes d'effectuer des vols supersoniques après 22 heures et avant 7 heures.

Devrait-on interdire le fonctionnement (*playing*) des postes de radio portatifs dans les autobus, dans les avions, dans les trains? En France on s'occupe actuellement de l'insonorisation de ceux-ci!

Le transistor (*portable transistor radio*) est devenu une vraie boîte à bruit. On l'entend dans les lieux publics, sur la plage, au fond des bois, dans les colonies (*f.*) de vacances (*holiday camps*).

le manque de responsabilité civique

Il existe une 'Ligue Française contre le bruit' qui siège (*has its headquarters*) à Paris. On vient de former une organisation semblable en Grande-Bretagne.

III. CRIME AND PUNISHMENT

The Death Penalty

La peine capitale et la société

Il est impossible de parler objectivement de la peine capitale. Mystère et horreur de la mort: il paraîtrait quelque peu déplacé d'aborder sans passion et d'une façon en quelque sorte scientifique ce sujet qui englobe aussi bien l'exécution du criminel que le meurtre de sa victime.

Devant ce problème de la peine de mort, chacun ne peut que réagir selon son tempérament et en fonction des tendances profondes de son être. Les personnes naturellement portées à la rigueur admettront logiquement cette forme ultime de la punition.

D'autres justifient la peine de mort par sentiment de justice, considérant qu'il n'y a pas de raison d'avoir plus de pitié pour le coupable qu'il n'en a eu pour la victime. D'autres, enfin, sont troublés par cet acte d'exécution capitale qui est, à leurs yeux, un meurtre légal, commis de sang-froid. Commis jadis au grand jour, puis à l'aube et maintenant en cachette, car les partisans eux-mêmes de cette peine ne croient plus à la valeur d'exemplarité d'une exécution en place publique et reconnaissent qu'elle ne faisait qu'exciter les instincts sadiques de « voyeurs ».

Personne en définitive ne peut rester indifférent devant ce problème, car il pose, aussi bien pour l'individu que pour la société, une question de principe. Elle est au cœur même de la morale et de la civilisation, c'est-à-dire de cet effort sans cesse contrarié d'une collectivité pour dominer ses instincts.

May 12, 1970

SUPPLEMENTARY MATERIAL

Pour et contre la peine de mort

La Commission des lois de l'Assemblée nationale française est en train d'examiner (1970) un rapport sur l'abolition de la peine capitale.

En France, de 1929 à 1938, 40% des condamnés à mort ont été exécutés; 9% seulement de 1960 à 1969.

Dans beaucoup de pays la peine de mort a été supprimée, cependant elle est maintenue pour trahison et espionnage en temps de paix. Certains délits (*offences*), comme le détournement ('*hi-jacking*') des avions, l'assassinat d'agents en service et de chauffeurs de taxi, etc., devraient-ils être considérés également comme des crimes exceptionnels méritant le châtiment suprême? Le nombre de tels crimes augmente d'année en année.

Un argument souvent invoqué contre l'abolition totale de la peine capitale: on pourrait supprimer la peine de mort si la détention était réellement à perpétuité ou au moins d'une très longue durée.

Les modes d'exécution sont-ils 'humanitaires'?

Ne rappellent-ils pas plutôt les supplices et les cruautés du passé?

la guillotine

la chaise électrique

la pendaison (*hanging*)

la chambre à gaz

faire une piqûre (*to give an injection*)

La peine de mort a-t-elle une valeur d'exemple | est-elle une façon de faire peur (does it act as a deterrent)?

Si oui, pourquoi les exécutions se déroulent-elles clandestinement, sans publicité?

La suppression de la peine de mort dans certains pays (l'Italie, l'Allemagne, la Suisse, la Belgique, les pays nordiques), a-t-elle entraîné l'augmentation (*brought about an increase*)

de la criminalité? D'après l'expérience des pays abolition-
nistes ce n'est pas le cas. Mais il est difficile d'établir un lien
de cause à effet entre l'abolition de la peine de mort et
le taux (*rate*) de la criminalité, tant les facteurs sont
nombreux.

Cependant il est bien possible que chez les voleurs, les cam-
brioleurs (*burglars*), etc., la peine de mort puisse faire peur
et les empêcher de porter des armes.

La question du crime 'passionnel'

Souvent les meurtriers tuent au nom de la jalousie, de l'amour.
En Angleterre la passion n'est pas une circonstance atté-
nuante, à moins qu'elle n'implique un dérangement mental
temporaire — ce qui est très difficile à prouver.

Le problème de l'euthanasie: devrait-on punir ceux qui tuent
par pitié, pour abréger les souffrances d'un moribond (*a
dying person*)?

La réforme des prisons

accorder un sursis d'exécution (*to grant a stay of execution*)

rejeter le recours en grâce (*to reject an appeal for mercy*)

commuer la peine de mort en travaux forcés à perpétuité (*hard
labour for life*)

Presque toujours les condamnés n'accomplissent pas la totalité
de leur peine; ils sont libérés à l'expiration de quelques
années à condition de s'être bien conduits (*if they have
proved of good behaviour*).

Croyez-vous à l'effet salvateur (*salutory effect*) des années de
souffrances?

la cellule (*cell*)

Le gardien (*warder*) peut surveiller le prisonnier à tout instant
par un judas (*peep-hole*).

des conditions odieuses / sordides

Aujourd'hui la société essaie de guérir les condamnés et
de leur rendre enfin la liberté. Mieux vaut guérir que
punir!

Beaucoup de criminels proviennent d'un foyer désuni (*broken home*) ou sont orphelins.

régénérer le criminel / lui permettre de se reclasser progressivement dans la société

apprendre un métier

recevoir un salaire en prison.

IV. EDUCATION

1. PLANNING FOR A NEW ERA

Problèmes communs de l'éducation

Quoique moins peuplée que l'Allemagne, la France avait en 1965, selon les travaux de l'O.C.D.E., plus d'étudiants* qu'elle: 524.000 contre 368.000. Nous en avons plus que la Grande-Bretagne: 432.000, mais les États-Unis en avaient dix fois plus que nous: 5,5 millions, alors qu'ils n'ont que quatre fois plus d'habitants.

La France dépensait cette année-là pour l'éducation 4,5% de son produit national, à peine moins que les États-Unis, nettement plus que l'Allemagne, qui n'atteignait pas 3%.

Partout le progrès de ces dépenses est rapide et l'on tend vers 10% du produit national pour 1980.

Mais partout aussi, on déplore la très faible efficacité de ces dépenses. Le malaise étudiant, le mécontentement des parents et des enseignants, les difficultés d'insertion des diplômés dans la vie professionnelle, le peu de progrès vers l'égalité des chances en sont le témoignage...

Aujourd'hui, comme le disait M. Van Lennep, secrétaire général de l'O.C.D.E., « la croissance économique n'apparaît plus comme un but en soi, mais comme un instrument pour créer de meilleures conditions de vie. La répartition rationnelle des ressources doit prendre en compte tous les objectifs sociaux, y compris les buts culturels et humains ».

Et là apparaissent des choix difficiles, « stratégiques ».

Les dépenses pour l'éducation viennent en concurrence avec celles consacrées au logement, à la santé, aux transports, à l'environnement. Quelle place réserver à chacune?

---

* The term *étudiants* here includes older pupils in secondary education.

Dans quelle mesure l'État doit-il assumer toutes les dépenses d'éducation? Quel statut réserver aux établissements privés?

Dans quelle mesure faut-il donner priorité à la qualité ou à la quantité? Peu de techniciens de très haut niveau ou de nombreux cadres de niveau moyen? Faut-il disperser ou concentrer les meilleurs professeurs?

Dans quelle mesure faut-il donner la préférence à l'efficacité ou à l'égalité des chances? Il est beaucoup moins coûteux en moyenne de former des jeunes que leur milieu social a déjà préparés à recevoir un enseignement que ceux qui n'ont pas eu cette chance. Égaliser, c'est retarder les mieux doués. Dans quelle mesure est-ce bon?

Planifier l'éducation suppose aussi un choix entre les générations. Dans quelle mesure les crédits et les éducateurs doivent-ils aller à l'éducation des adultes ou à celle des jeunes d'âge scolaire?

Dans quelle mesure faut-il sélectionner tôt les étudiants pour éviter le gaspillage que constituent les échecs ou tard pour attendre que les personnalités se soient affirmées?

Dans quelle mesure l'équipement scolaire doit-il répondre aux vœux des étudiants ou aux besoins de l'économie, aux possibilités d'emploi?

Voilà de beaux sujets de réflexion et de débats pour tous ceux qu'intéresse la réforme universitaire, pour les parlements nationaux et celui de l'Europe, pour tous ceux qui cherchent à préciser la voie vers un monde meilleur.

June 5, 1970
Jean Lecerf *LE FIGARO*

Supplementary Material

Le rôle de l'éducation dans le monde d'aujourd'hui

Comment faire face aux développements scientifiques?

les statistiques: l'U.R.S.S. forme aujourd'hui chaque année un ingénieur pour 3.000 habitants, les États-Unis un ingénieur pour 5.000 habitants et l'Europe occidentale pour 15.000 habitants. Les États-Unis ont 3 millions d'étudiants, l'U.R.S.S. en a 2 millions et la Communauté européenne 600.000 seulement.

Les temps ont changé — les engins interplanétaires ne peuvent pas sortir du cerveau (*brain*) d'autodidactes (*the self-taught*); ils sont l'œuvre de savants qui doivent posséder une solide culture.

La grave insuffisance du recrutement des enseignants

la crise du recrutement du personnel en Angleterre et en France

Pour bien enseigner sa matière (*teach one's subject*) il faut posséder une connaissance des problèmes pédagogiques.

les professeurs à mi-temps (*part-time teachers*)

le rôle des femmes mariées

les frais (*costs*) énormes de l'éducation

La démocratisation de l'accès aux études supérieures (higher education for all)

les épreuves de sélection (*selection tests*)

l'éducation gratuite — y compris livres, cahiers, etc.

Les élèves ne sont plus admis aux lycées anglais en fonction de leur situation sociale (*by virtue of their social standing*); l'enseignement secondaire n'est plus le privilège de ceux qui en ont financièrement les moyens.

la destruction des barrières sociales

Mais faut-il accueillir tous les élèves, y compris ceux qui manquent d'ambition ou de moyens intellectuels?

Devrait-on permettre, comme en Amérique, le système d'options, qui permet à un élève d'éviter les matières ardues (*avoid difficult subjects*) pour étudier seulement le travail du bois, le chant choral, la danse, le jardinage, la dactylographie (*typewriting*), etc.?

L'éducation secondaire au carrefour (at the crossroads)

En 1965 le gouvernement britannique s'est déclaré en faveur de la transformation complète de l'éducation à partir de 11 ans. L'examen d'entrée en sixième (*11-plus exam*) sera bientôt entièrement aboli, et tous les élèves d'âge secondaire seront enseignés dans des établissements 'comprehensive'. Quels sont les avantages et les inconvénients de ce système?

Quelle devrait être l'âge-limite de la scolarité obligatoire (translate: 'school-leaving age')?

L'élève moyen (*average*) devrait-il poursuivre de longues études / s'engager dans de longues études? Sinon, jusqu'à quel âge lui est-il profitable de rester à l'école?

Les problèmes universitaires

Les autorités britanniques envisagent un accroissement de la population totale estudiantine (*increase in total number of students*) de 225.000 (1970) à 400.000 en 1980.

Les collégiens et les étudiants devraient-ils se procurer un emploi pendant les vacances?

pour: gagner de l'argent pour payer leurs frais (*expenses*) d'études;

garder le contact avec le monde extérieur.

S'il choisit bien son emploi, un étudiant peut tirer de son travail estival (*summer job*) d'inestimables avantages.

contre: l'étudiant ne devrait-il pas plutôt consacrer ses vacances à la lecture (*reading*) / aux études?

Un monde bilingue

Un des empêchements majeurs (*main obstacles*) à une meilleure compréhension des peuples: la pluralité des langues. Il existe, en Europe seulement, une vingtaine de langues différentes!

Quelques solutions à ce problème:

1. Adopter une langue unique au détriment des autres?
2. Créer une nouvelle langue comme l'espéranto?
3. Enseigner dans chaque pays une langue supplémentaire au même titre (*on the same footing*) que la langue nationale. Il faut que les hommes de demain soient bilingues! A

signaler que dans sa zone d'influence le gouvernement russe a institué un enseignement obligatoire bien poussé (*highly developed*) de la langue russe.

On a déjà mis ce troisième programme en application au moyen de:

1. Transformation de petites villes françaises en stations expérimentales de méthodes pédagogiques nouvelles. Le français et l'anglais y sont enseignés aux enfants de l'école primaire.

2. Jumelage (*pairing*) de deux villes pilotes — l'une française, l'autre anglaise (par exemple, Luchon et Harrogate).
   Échange (*m.*) d'instituteurs, de matériel de propagande.

3. Fixation d'un vocabulaire fondamental qui comporte le minimum de mots suffisant pour s'exprimer dans une conversation moyenne.

4. Création du 'S.H.A.P.E. village' qui s'adresse aux enfants de quatorze pays différents — la première école internationale du monde.

2. EXAMINATION BLUES

Le « bac » commence demain

Deux cent dix mille garçons et filles vont se lever de bonne heure demain matin: les épreuves de baccalauréat commencent dès 8 heures pour toutes les séries. Et certains des 50.000 candidats de la région parisienne auront près de deux heures de trajet avant d'arriver à leur centre d'examen. Les sept sections de la série A (littéraire) commencent par une épreuve de philosophie de quatre heures. Cette série est la plus favorisée: toutes ses épreuves écrites (sept au total) sont regroupées en une seule journée. Les candidats de la série B débuteront, eux, par un devoir de sciences économiques et sociales, tandis que les séries C, D et E composeront en mathématiques. Les élèves qui ont choisi la série D (jadis sciences expérimentales) sont les plus défavorisés: ils subissent quatre épreuves écrites réparties sur deux journées entières...

Les épreuves orales sont fixées, pour le premier groupe d'épreuves, du 19 au 27 juin et du 2 au 8 juillet pour le second groupe.

Au total, il a fallu imprimer cette année 71 /.500 exemplaires des 232 sujets, pesant 2.600 kilos. En outre, si l'on tient compte des 34 langues vivantes susceptibles d'être choisies en option, plus d'un million de combinaisons sont théoriquement possibles.

June 15, 1970

SUPPLEMENTARY MATERIAL

Pour ou contre les examens?

le remplacement partiel des examens par des contrôles (*controlled tests*) qui permettent de mieux sonder (*probe*) les connaissances réelles et le travail effectif des élèves.

passer un examen (*to sit an exam*)

être reçu à un examen (*to pass an exam*)

échouer à un examen / être collé à un examen / rater un examen (*to fail an exam*)

redoubler (*to stay down another year*)

l'épreuve orale, écrite

les travaux pratiques

Nos lycéens sont-ils surmenés (overworked) *ou dorlotés* (coddled)*?*

Les programmes (*m.*) *scolaires* (*school syllabuses*) sont-ils surchargés?

la nécessité de se tenir au courant des grands progrès dans les connaissances scientifiques

Le surmenage des professeurs

les salles de classe surchargées / archicombles

les obligations en dehors des cours / extra-scolaires (*out-of-school duties*)

les élèves paresseux qui, en proie aux distractions du monde
extérieur, résistent aux efforts de l'enseignant

Le rôle du châtiment corporel

La punition corporelle est interdite en France.

En Angleterre, un enseignant qui se livre à des sévices corporels
(*who deals out severe punishment*) pourrait se voir intenter
un procès par les parents (*might find himself involved in a
law-suit*).

Les associations parents-professeurs

Y a-t-il une telle organisation dans votre lycée? Quel est son
but?

Devrait-on ouvrir les portes de nos établissements scolaires aux
parents? Le dialogue maîtres-parents est une condition
essentielle de la réussite scolaire.

Le rôle des parents: Être père et mère est un métier. Même si
les parents sont surmenés, ils ont des devoirs envers leurs
enfants. Quelques conseils du proviseur (*headmaster*) d'un
grand lycée de Paris: « Contrôlez l'emploi du temps (*time-
table*) de votre enfant. Contrôlez sa correspondance, son
cahier de textes, ses bulletins trimestriels (*end-of-term
reports*), le choix de ses camarades.»

Êtes-vous pour ou contre l'école mixte?

les avantages: les barrières qui séparent les deux sexes se
réduisent. Les filles deviennent plus pratiques, les garçons
moins gauches / plus civilisés.

les inconvénients: la distraction, les problèmes d'ordre senti-
mental.

L'uniforme scolaire est-il nécessaire / désirable?

L'enfant et les moyens d'expression d'aujourd'hui

Quelle influence ont sur l'enfant les grands moyens d'expression de la pensée: presse, cinéma, radio, télévision?

D'après des enquêtes par sondage (*according to sample polls*)
en France:

30% des enfants sont abonnés à des périodiques enfantins
(*are regular subscribers to children's magazines*).

50% des enfants vont au cinéma une fois par semaine.

30% des enfants ne peuvent s'isoler (*are forced to remain in
the same room*) quand le poste de radio fonctionne.

Les scènes de violence à l'écran, éveillent-elles chez les adolescents de mauvais instincts?

La course d'obstacles (obstacle race) *qu'est la scolarité française*
l'école maternelle jusqu'à l'âge de 6 ans
l'école primaire
le collège d'enseignement secondaire (C.E.S.)
le collège d'enseignement général (C.E.G.)
le lycée (enseignement long)
le collège technique
l'École Normale d'Instituteurs / d'Institutrices (*Teachers'
Training College*)
C.E.P.E.: Certificat d'études primaires élémentaires
B.E.P.C.: Brevet d'enseignement du premier cycle
B.E.C.: Brevet d'enseignement commercial
C.A.P.: Certificat d'aptitude professionnelle / pédagogique
le Baccalauréat (le 'bac')
la licence (*equivalent to our 'degree'*)
C.A.P.E.S.: Certificat d'aptitude professionnelle de l'enseignement secondaire

V. HOLIDAY PLANNING

STAGGERED HOLIDAYS?

L'étalement des vacances

L'étalement des vacances, nos lecteurs le savent, est un des problèmes les plus ardus et les plus complexes de notre temps.

Peut-on empêcher les habitants des grandes villes de partir tous, ou à peu près, entre le 1er et le 20 août, vers les plages et les stations, engorgeant celles-ci? Les vacances sont un besoin et un droit, mais ne peut-on les répartir sur trois mois environ? Le bon sens dit « oui », les mœurs et les habitudes disent « non »...

· · ·

Cette année, la rentrée scolaire du 15 septembre a abrégé les séjours à partir du 10, malgré le beau temps, ce qui resserre encore la durée des vacances. Mais, en revanche, les familles ayant des enfants d'âge scolaire peuvent désormais partir le 1er juillet, il faut le reconnaître.

Nous savons, certes, tous les arguments qu'on peut faire valoir pour le départ en août: les commerçants ferment (c'est un cercle vicieux); les couples qui travaillent veulent légitimement prendre leurs vacances ensemble; dans le domaine économique, plusieurs industries dépendent les unes des autres...

Nous savons tout cela. Et souvent les lecteurs nous ont écrit en substance: « Prendre nos congés au mois d'août est évidemment regrettable, car c'est le mois le plus cher, le plus encombré... Mais qu'y faire? Ma maison ferme en cette période... »

Et c'est vrai. Les hôteliers ont consenti des prix plus bas hors saison, mais le résultat est médiocre.

Au cours des enquêtes que nous avons faites dans *Le Figaro*, plusieurs personnalités avaient constaté que seules des mesures autoritaires pouvaient remédier à ce mal.

En effet, il fut question, au Conseil des ministres, de faire « un effort de persuasion » auprès des industries privées. Fort bien. Mais... rappelons que toutes les grandes industries de la région parisienne, y compris celles qui dépendent de l'État, ferment leurs portes dans les tout premiers jours d'août: la fermeture simultanée de ces entreprises entraîne celle des commerçants, des fournisseurs, des salariés, etc.

Or, il semble, même en tenant compte des besoins de l'industrie, que les dates de fermeture pourraient être étalées au moins sur la seconde quinzaine de juillet, ce qui soulagerait un peu la S.N.C.F. et désembouteillerait les routes. Mais la « persuasion » ne suffirait pas.

December 1, 1959

SUPPLEMENTARY MATERIAL

Êtes-vous pour ou contre l'étalement des vacances?

Une réforme éviterait les difficultés de transport dues à l'insuffisance du réseau routier (*road network*) et diminuerait le nombre d'accidents dans les centres touristiques. En août les hôtels et les plages sont bondés / archi-pleins (*overcrowded*) et il est difficile de trouver un endroit paisible.

Mais aimeriez-vous prendre vos vacances en mai, ou en septembre, si l'on étalait les vacances scolaires?

Le secrétaire d'État au Tourisme a exprimé un certain regret en vue des nouvelles dates fixées pour les vacances de l'année scolaire 1970–1971. Le syndicat des agents et bureaux de voyages avait visé à (*aimed at*) séparer la France en deux ou trois zones scolaires, avec des vacances échelonnées (*spread out*) entre le 15 juin et le 15 septembre et des décalages importants (*significant intervals*) entre les départs et les rentrées.

En France, l'année scolaire 1970–1971 comporte 109 jours de vacances plus 38 autres jours de repos. La durée des jours de travail est respectivement de 82, 75 et 60 jours pour les trois trimestres (*terms*). La rentrée scolaire (*return to school*) 1970: le 14 septembre. Mais les enseignants (*teaching staff*) devront rentrer quatre jours avant les élèves pour préparer leur accueil dans les établissements!

La popularité du tourisme

les congés payés (*holidays with pay*)

Même les classes ouvrières (*working classes*) ont la possibilité de séjourner 2 ou 3 semaines à la mer, à la campagne.

le démarrage (*start*) de la saison: en mai et en juin

les amateurs de la caravane (*towed caravan*) / de la roulotte (*motorized caravan*) et du camping

vivre sous la tente / camper sur les rivages et dans les montagnes

la popularité des auberges (*f.*) de jeunesse (*Youth hostels*)

les amateurs du scooter

faire de l'autostop (*to hitch-hike*)

les syndicats d'initiative (*local associations for tourist publicity*)

les spectacles 'Son et lumière' offerts aux touristes en France

Quels sont vos passe-temps estivaux (summer pastimes) *favoris?*

Le hors-bord (*outboard-motor boat*) avec son vacarme (*noisy din*) connaît une vogue croissante.

naviguer sur des lacs, des estuaires (*m.*), des golfes (*m.*)

Souvent les coques (*f.*) (*hulls*) sont fabriquées en fibre de verre. On peut construire soi-même son canot.

le ski nautique (*water-skiing*)

la pêche sous-marine

l'extension croissante, parmi les touristes, de la photographie en couleurs

les films touristiques d'amateur

descendre de l'autocar (*coach*) pour filmer une séquence

en hiver, passer (*to show*) son film à la famille et à ses amis

Quelle liberté les parents devraient-ils accorder à leurs enfants en vacances?

le goût de l'indépendance chez les enfants

Lors des vacances il faut peut-être moins de contrainte en ce qui concerne la routine habituelle, mais une surveillance attentive pour éviter les accidents dans des endroits dangereux.

Les voyages à l'étranger

Les voyages sur le continent connaissent un grand essor (*have swung into great prominence*) depuis la guerre.

les échanges (*m.*) scolaires

des contingents d'estivants étrangers (*summer holiday-makers from abroad*)

établir l'entente entre les pays

Quel est à votre avis l'âge minimum pour entreprendre un tel voyage et en tirer parti (*benefit from it*)?

Ne devrait-on pas connaître son propre pays avant de faire des voyages à l'étranger?

faire la connaissance d'une autre culture

se perfectionner dans une langue étrangère

perdre ses préjugés / ses partis pris chauvinistes (*to shed one's jingoistic prejudices*)

Certaines personnes fort cyniques estiment que les échanges scolaires et les voyages à l'étranger ne font que renforcer les préjugés nationaux, et qu'il vaudrait mieux rester dans son propre pays pour ne pas se rendre compte des différences souvent frappantes entre les points de vue des différentes nations. Qu'en pensez-vous?

VI. ALCOHOLISM

A Drop Too Much

L'alcool et la jeunesse

Vertigineuses, les courbes statistiques montaient chaque année, comme, d'heure en heure, croît la courbe de température du grand malade. Le bas de la montagne, on le trouvait au niveau de nos années de deuil et de souffrance, quand la France était saignée à blanc par l'occupant, lorsqu'il y avait les jours « avec » et les jours « sans ».* Mais, bien vite, dès 1946, les enquêtes effectuées par les services spécialisés dénonçaient un péril majeur pour la France: l'alcoolisation.

Ce fut d'autant plus net que d'autres courbes s'effondraient. En dix années, l'action bienfaisante des antibiotiques faisait sensiblement régresser le nombre des décès par la tuberculose, qui avait été jusque-là la crainte dans tous les foyers. La mortalité infantile, elle aussi, diminuait, et continue à le faire.

.   .   .

C'est en soi une chose assez étonnante, mais nos concitoyens n'ont plus l'œil aussitôt moqueur lorsqu'on parle d'alcoolisme. Au slogan d'autrefois, « l'alcool tue lentement », ils ne répondent plus automatiquement: « On s'en moque, on n'est pas pressé ».

Il n'y a pas que les courbes dont l'infléchissement actuel donne de l'espoir. Regardons autour de nous, et la jeunesse notamment. Examinons-la dans la réalité et non à travers les déformations d'un certain cinéma. Au paradis artificiel

---

* A cette époque il y avait en France des jours de prohibition où l'on ne servait dans les cafés que des boissons non alcoolisées.

que donne l'alcool, elle préfère aujourd'hui d'autres réalités.

.   .   .

Il est intéressant à cet égard de constater que les jeunes sont depuis quelque temps particulièrement réceptifs à ces arguments; ils préfèrent la route du stade au chemin du bistrot. Un autre aspect de la question entre en jeu pour cette jeunesse trop souvent dépréciée: boire coûte cher, or la vie moderne et les facilités de crédit mettent à la portée de tous une masse d'objets: scooter, télévision, frigidaire, mais pour les posséder, les acquérir, il faut choisir entre la traite au début du mois ou les petits verres sur le zinc. Beaucoup ont choisi et les résultats sont l'amélioration des chiffres concernant les statistiques sur la mortalité attribuée à l'alcoolisme.

November 23, 1959

SUPPLEMENTARY MATERIAL

Le problème de l'alcoolisme en France

La cruelle éloquence des chiffres (*m.*): on estime à 6,85 milliards (NF) — près de 10% du revenu national français — les dépenses effectuées par les consommateurs de boissons alcoolisées. Les dépenses de logement (*expenditure on housing*) n'atteignent que 1,85 milliards et celles de l'Éducation 1,82 milliards.

Le vrai choix — l'alcool ou un niveau de vie plus élevé (*a higher standard of living*).

La sobriété est devenue une nécessité sociale.

Un expert français a déclaré que l'alcoolisme français est un alcoolisme d'habitude — sans s'enivrer (*getting drunk*) violemment, le Français boit paisiblement mais régulièrement de l'alcool.

L'importance de l'alcoolisme sur les maladies mentales

En France, les statistiques montrent que 25% à 35% des malades mentaux sont des alcooliques.

l'alcool comme moyen d'évasion (*means of escape*)

Dans les asiles (*m.*) (*mental homes*) on mène la lutte anti-alcoolique d'une façon vigoureuse — le résultat: une proportion grandissante de 'sorties sans rechute' (*permanent cures*)

L'alcool et la santé physique

En France le nombre de décès (*deaths*) par cirrhose du foie (*cirrhosis of the liver*) a beaucoup augmenté depuis la guerre.

Selon une enquête sur l'alcoolisme menée à Paris en 1970 auprès de 1.500 travailleurs (hommes et femmes), les alcooliques ont trois fois plus de chances de mourir avant 55 ans — par suicide, hémorragie cérébrale, cancer des voies aérodigestives (*of the upper respiratory and digestive tracts*), etc.

L'incidence de l'alcoolisme dans les accidents de la route

L'euphorie de l'ivresse (*elation caused by drunkenness*) favorise la vitesse. Le conducteur a un instant d'inattention, il apprécie mal un tournant, l'état de la route, etc., et il réagit trop fort ou trop tard.

En France la prise de sang (*blood test*) est obligatoire après tout accident grave. Dans certains pays on emploie un 'alcool-test' en faisant souffler (*breathe*) le suspect dans un petit sac de matière plastique.

La propagande antialcoolique

En France il est interdit de distribuer à des mineurs de moins de vingt ans des objets de publicité (*advertising matter*) — buvards, images, etc. — vantant les mérites d'une boisson alcoolique ou portant la marque d'une telle boisson.

Il ne suffit pas d'inspirer au public une crainte salutaire (*a healthy fear*) des effets de l'alcoolisme — il faut lui donner des habitudes pour l'utilisation de ses loisirs.

l'importance des sports, des activités en plein air — mais la pénurie d'espaces verts!

VII. CLEAN AIR CAMPAIGN

Smog

Le danger croissant de l'air toxique

Jeudi, ont débuté, à Paris, dans la salle des conférences de la Fédération nationale du Bâtiment, deux importantes « journées de la pollution atmosphérique ».

Il s'agit là d'un effort collectif considérable, organisé par des techniciens autorisés, auxquels se sont joints en grand nombre des médecins, des physiciens, des biologistes.

Leur but est de recenser un péril qui a frappé tardivement notre pays mais dont le caractère d'urgence apparaît aujourd'hui à tous les yeux, et de déterminer, dans les grandes lignes, les moyens d'y remédier.

Présidant la séance inaugurale, le professeur Raymond a ouvert les débats.

En un magistral exposé, il nous rappelle tout d'abord les grandes catastrophes dues au *smog*, véritable toxique aérien qui se forme accidentellement par une combinaison de fumées industrielles et de brouillards naturels. En 1930, dans la vallée de la Meuse, une « retombée » de fumées d'usines crée un *smog* qui fait 200 morts. Aux États-Unis, plusieurs *smogs* font des centaines de victimes. A Londres, le grand *smog* de 1952 tue 4.000 personnes; celui de 1956 tue 1.000 personnes (en plus de la mortalité naturelle d'une grande ville), toutes par agression pulmonaire.

La France, pour l'instant, a échappé à ces accidents spectaculaires, précisément parce que son industrie s'est développée et surtout concentrée plus tardivement. Depuis vingt ans, toutefois, deux faits nouveaux sont intervenus: la surindustrialisation des villes (en y comprenant leur envahissement par l'automobile), et la concentration d'énormes masses humaines dans les centres urbains.

Ce sont là des conditions déplorables du fait que nous avons conservé l'habitude... médiévale de déverser tous nos déchets gazeux ou pulvérulents dans l'atmosphère au même titre que nos grands-pères vidaient à la rivière leurs déchets liquides.

December 5, 1959

Supplementary Material

Les brouillards jaunes de Londres sont célèbres dans le monde entier, mais saviez-vous qu'il existe à Los Angeles un 'smog' permanent?

Les effets du 'smog'

Les habitants des grandes villes ne peuvent porter des vêtements blancs sans qu'ils soient souillés rapidement.

l'irritation des yeux et des bronches (*f.*) (*bronchial tubes*)

les aggravations des états asthmatiques

Les médecins envisagent (*foresee*) le port (*wearing*) de masques (*m.*) à gaz pour les sujets vulnérables.

Les poumons noirs: à l'autopsie (*post-mortem examination*) un docteur peut dire, sans connaître l'identité du cadavre, s'il est oui ou non habitant d'une ville industrielle.

Dans nos grandes villes la mortalité des arbres et des plantes va toujours croissant. Les façades des bâtiments sont noircies par les produits goudronneux (*tarry products*) et rongées (*eroded*) par l'acide sulfurique des cheminées d'usine qui enfument tout le voisinage.

Problème économique:

Si l'on pouvait 'recycler' (*feed back*) toutes les fumées perdues on ferait d'énormes économies. On estime que les trois-quarts de la chaleur des feux ouverts anglais s'échappent par la cheminée.

Les dangers de la route

Les moteurs à essence (*petrol*), et surtout les moteurs à diesel, rejettent souvent des 'imbrûlés' (*raw exhaust waste*). Ces matières sont-elles peut-être cancérigènes (*cancer-producing*)?

Un poids lourd (*heavy lorry*) qui fume asphyxie les voitures particulières qui suivent et obscurcit la vue des chauffeurs en ternissant les pare-brise (*windscreens*).

Un moteur Diesel ne devrait pas fumer s'il est bien entretenu (*properly maintained*) et s'il n'est pas chargé à l'excès (*overloaded*).

À quand la voiture électrique?

Quelles mesures les autorités devraient-elles prendre pour combattre la pollution atmosphérique?

des ordonnances (*regulations*) interdisant l'émission de fumées de charbons bitumeux (*bituminous*)

la réglementation des émissions de fumées / suies (*soots*) / escarbilles (*clinkers*) / gaz nocifs / cendres volantes (*fine ash*)

le remplacement des locomotives à vapeur par des Diesels

La consommation de tout combustible solide non conforme au standard 'sans fumées' devrait être interdite.

le développement du chauffage au mazout (*fuel-oil heating*)

des mesures de contrôle et d'inspection des usines

la formation de zones 'pures,' de ceintures vertes

Au Vaudreuil, près de Rouen, on est en train de construire une nouvelle unité urbaine qui aura 55.000 habitants en 1985 et 120.000 en l'an 2000. Grâce aux préoccupations des pouvoirs publics et aux recherches techniques, ce sera la ville nouvelle la moins polluée du monde.

Quelques problèmes analogues:

La pollution des eaux: les pêcheurs constatent la diminution du poisson dans les rivières. Cela est dû à l'effet nocif des résidus industriels rejetés par les usines de produits chimiques.

La pollution des plages: il faut exiger (*insist on*) la construction de stations d'épuration (*purification plants*) des eaux usées.

Devrait-on être autorisé à fumer au cinéma, au théâtre, dans les autobus?

La fumée de tabac a-t-elle un rapport avec le cancer du poumon? Les filtres, peuvent-ils éliminer les facteurs cancérigènes de la fumée de cigarette?

VIII. THE ANIMAL KINGDOM

MAN AND BEAST

Inutile cruauté

Dans quelques jours, le 25 avril exactement, aura lieu l'assemblée générale de l'Œuvre d'assistance aux bêtes d'abattoir (O.A.B.A.), que nos lecteurs connaissent bien puisque leur générosité a soutenu la campagne que nous avons menée de novembre 1966 à mars 1967 pour obtenir l'humanisation des méthodes d'abattage et particulièrement l'application du fameux décret de 1964 qui interdit la suspension et l'égorgement des bêtes sans étourdissement préalable. M. Edgar Faure, alors ministre de l'Agriculture, avait reconnu le bien-fondé de nos plaintes et la nécessité pour un pays civilisé de ne pas traiter un animal encore vivant comme s'il était déjà mort, une simple marchandise. Il avait reçu Mme Gilardoni, et, après avoir discuté avec elle, il avait décidé dans une conférence de presse assez retentissante, le 2 février 1967, d'inviter les directeurs d'abattoir à faire appliquer le décret. Il demandait aussi aux préfets et aux maires d'instruire les responsables de la nécessité de prendre conscience que toute souffrance inutilement infligée, même par négligence, routine ou paresse, est déjà un acte de cruauté. En effet telle est bien la question : ce n'est pas parce que nous tuons des bêtes pour les manger que nous avons le droit de les brutaliser ou de les torturer...

Aux nombreux lecteurs qui me demandent régulièrement « Où en est-on pour les bêtes d'abattoir? », je n'ai pas de bonnes nouvelles à donner : on peut considérer que plus de la moitié des abattoirs sont en infraction avec le décret. Les cas les plus graves sont à Marseille, Bordeaux, Montpellier et surtout à Toulouse où les moutons et les veaux sont ouvertement égorgés vivants et où le gros bétail est souvent encore abattu au merlin, instrument archaïque et prohibé...

D'ailleurs la loi est manifestement violée à Paris aux abattoirs de La Villette: il s'agit de la deuxième chaîne des bovins et de la deuxième chaîne des veaux qui représentent 30% des animaux abattus. Ces malheureuses bêtes sont suspendues vivantes par une patte arrière avant d'être égorgées. Étant donné leur poids, parfois 900 kilos, il s'agit d'un affreux supplice.

April 17, 1970
Françoise Parturier *LE FIGARO*

Supplementary Material

avoir le respect des animaux domestiques

les brutes (*f.*) qui maltraitent les pauvres bêtes sans défense

Il existe en France, comme en Angleterre, une S.P.A. (Société protectrice des animaux). En 1958 cette société a enregistré 1.022 enquêtes et 93 plaintes (*legal actions*) et elle a obtenu le prononcé de 13 jugements à l'encontre des bourreaux (*torturers*) des bêtes.

Pourquoi ces bourreaux agissent-ils de cette façon? Est-ce par pur sadisme, par négligence? S'imaginent-ils que l'animal est un être inférieur?

En France, selon un décret du 7 septembre 1959, ceux qui auront exercé, sans nécessité, de mauvais traitements envers un animal domestique, apprivoisé (*tame*) ou captif, seront punis d'une forte amende (*fine*) ou de l'emprisonnement pendant huit jours au moins. En cas de condamnation, le tribunal peut décider que l'animal sera remis à une œuvre de protection des animaux (*animal protection society*). Cependant, ces dispositions législatives ne sont pas applicables aux courses de taureaux (*bull-fights*), lorsqu'une tradition locale peut être invoquée.

Les animaux et le sport

Que pensez-vous des activités sportives telles que:

les combats de coqs

les courses de taureaux

la chasse au renard / au cerf (*stag*)?

Les animaux domestiques

Une enquête effectuée (*an enquiry carried out*) en 1965 a établi que les Anglais dépensent en moyenne (*over the average*) 13 NF par semaine pour nourrir chaque membre de l'énorme population canine. Certains pensent qu'on devrait diminuer le nombre croissant de chiens dans nos villes en augmentant encore plus la taxe sur ceux-ci. Qu'en pensez-vous?

les chiens dressés pour les aveugles

les vieilles personnes qui vivent seules

le problème de l'hygiène dans les magasins, dans les marchés

Le problème posé par la vivisection

le cas spécial des expériences ou recherches scientifiques faites sur les animaux vivants

Dans la plupart des pays les chercheurs doivent obtenir un certificat d'autorisation qui ne peut être donné qu'aux personnes qualifiées. Certains pays interdisent d'effectuer sur les animaux des interventions (*the carrying-out of operations on animals*) sans anesthésie. On dispose aujourd'hui de narcotiques puissants en intensité et en durée, et l'on applique aux animaux les mêmes substances, les mêmes appareils et les mêmes techniques qu'on applique aux humains.

Le chien est devenu l'auxiliaire de l'homme dans le domaine de la science médicale. A force de perfectionner sur des chiens leur technique opératoire, nos chirurgiens ont réalisé des guérisons miraculeuses — et qui peuvent être effectuées également sur les animaux souffrants!

IX. A WOMAN'S PLACE

HOME AND AWAY

Les femmes résistent à la réforme

L'Assemblée nationale votait, le 13 juillet 1965, une loi portant réforme des régimes matrimoniaux, mise en pratique le 1ᵉʳ février 1966. Cette loi fut saluée comme révolutionnaire: elle établit notamment un « statut primaire », applicable à tous les époux mariés avec ou sans contrat: égalité en pouvoirs pour tout ce qui touche à l'entretien du ménage et à l'éducation des enfants; cogestion des biens communs; protection du patrimoine familial en cas de mésentente; maintien du mari comme chef de famille, mais affirmation d'une collaboration entre conjoints. La femme a désormais le droit, sans autorisation maritale, d'ouvrir un compte en banque, des comptes de dépôt ou de titres...

Quatre ans après, il est encore trop tôt pour mesurer l'incidence de la loi sur la vie des conjoints récemment mariés. Cependant, le comportement de la femme, face à ses droits nouveaux, et celui des « vieux ménages » face à la liberté de changement de régime, fournit de bonnes indications sur la portée générale de cette législation. M. Pierre Marcilhacy, qui en fut l'un des artisans et le rapporteur au Sénat, ne cache pas une certaine déception. « On peut s'étonner », dit-il, « que la réforme n'ait pas apporté un bouleversement profond dans la mentalité de la femme et les rapports du couple ».

De fait, peu de choses semblent avoir changé. Les banques n'ont pas été envahies par des légions de femmes victorieuses, brandissant le Code civil: « Nous n'avons enregistré aucune augmentation des demandes d'ouverture de compte », nous a confirmé un directeur de banque.

June 29, 1970

Les droits de la femme sont-ils suffisamment protégés?

Il y a 60 ans les suffragettes britanniques ont lutté pour accéder au droit de vote.

le suffrage universel

La femme d'aujourd'hui jouit-elle vraiment des mêmes droits que l'homme? Peut-elle en effet réclamer son indépendance et garder tous les attributs de sa féminité?

Les femmes devraient-elles recevoir le même traitement (*salary*) que les hommes? En France il y a une égalité complète à ce point de vue.

La valeur de l'éducation pour les femmes

Les programmes scolaires (*school syllabuses*) sont-ils conçus en faveur des garçons ? Faudrait-il pour les filles moins de mathématiques et plus de pratique dans les arts féminins?

Nos jeunes collégiennes ont-elles peur de devenir des bas bleus (*blue-stockings*) si elles poursuivent leurs études?

La valeur d'une formation professionnelle: de nos jours, une jeune femme qui se marie à 25 ans sera libérée de ses obligations familiales à l'âge de 45 ans; elle pourra donc très bien exercer une profession (à mi-temps peut-être) dans:

l'enseignement (*teaching*)

l'assistance sociale (*social services*)

le service médical

l'administration

le commerce

La femme et les arts ménagers

L'équipement ménager a pris une importance croissante dans la vie des femmes.

l'aspirateur (*vacuum cleaner*)

le moulin à café électrique

la machine à laver

la lessive hebdomadaire (*the weekly wash*)

le moulin à légumes
le batteur / le mixer
l'évier en acier inoxydable (*stainless-steel sink*)
la cuisinière (*cooker*)
le réfrigérateur, qui évite le gros marché quotidien (*the daily buying-in*)
le rôle des matières plastiques: plus de métaux qui rouillent (*rust*) — tout est lavable à l'éponge humide.

Tous ces ustensiles libèrent la femme du plus gros du travail.
De nos jours il est indispensable que la femme soit aidée mécaniquement dans son travail ménager, surtout si elle travaille à l'extérieur.
Mais la ménagère peut-elle devenir prisonnière de ses machines? Si la machine fait mieux qu'elle, à quoi sert-elle?
Bien des femmes d'un certain âge restent attachées aux pratiques ménagères archaïques; elles croient accomplir un travail sacré. Mais ne pourraient-elles pas mieux employer leur temps disponible à rendre heureux leurs maris, à consacrer quelques heures par jour à éduquer leurs enfants?
La femme commence à découvrir que son temps à elle est également précieux. Le perfectionnement de l'équipement ménager ne pourrait-il pas amener la femme à une nouvelle forme du bonheur?

Le divorce

Devrait-on admettre le divorce par consentement mutuel? À une époque où l'égalité et la liberté des conjoints justifient la recherche individuelle du bonheur, pourquoi deux êtres entre lesquels existe une mésentente (*disagreement*) fondamentale devraient-ils être contraints de vivre en état de mariage forcé?
L'église catholique considère le mariage comme sacrement indissoluble. Se marier en se disant qu'il sera toujours possible de divorcer si cela ne va pas, c'est se marier sans s'aimer.

X. MEDICAL MATTERS

La transplantation cardiaque

Le cœur? Une simple pompe dont le rôle est de faire circuler le sang dans les vaisseaux, à une pression donnée et à un certain rythme, pour assurer l'irrigation des cellules et maintenir ainsi la vie. Un arrêt prolongé de ce muscle signifie la mort. Il était donc normal, une fois toutes les ressources médicales épuisées, que des hommes suggèrent de changer les pompes défaillantes et irréparables.

Deux solutions étaient envisageables: l'implantation d'un cœur d'origine organique et l'introduction dans la poitrine du malade d'une pompe artificielle.

La longue série de transplantations cardiaques « réussies » qui ont suivi la première greffe d'un cœur humain par Christiaan Barnard au Cap ont permis aux chirurgiens de percevoir les inconvénients de cette technique. Ils sont nombreux, mais nous en retiendrons principalement deux: la difficulté de trouver des cœurs sains compatibles avec l'organisme du receveur et l'impossibilité matérielle de récupérer tous les organes susceptibles d'être réemployés. En effet, le contrôle irrécusable de la mort du donneur ne peut pratiquement être obtenu que dans des services spéciaux de neuro-chirurgie et de soins intensifs.

On conçoit donc, dans ces conditions, qu'il est fort difficile de créer au moment voulu un couple « acceptable » donneur-receveur. L'expérience montre que malgré les banques d'organes créées à l'échelon national ou européen, très peu de malades peuvent subir une greffe du muscle cardiaque. Pour un opéré, combien d'autres meurent après une longue attente?

April 14, 1970
Patrick Magd *LE FIGARO*

Supplementary Material

Les fléaux (m.) (scourges) *de notre civilisation*

Les causes de décès (*deaths*) en France: on enregistre en France une moyenne de 550.000 décès par an, le cancer étant la cause principale de mortalité. En effet cette maladie tue plus de Français que les maladies cardio-vasculaires. Sur les 110.000 décès dus au cancer, près de 20% affectent les 'voies aériennes supérieures' (bouche, pharynx, larynx, bronches, poumons) et sont en grande partie imputables au tabac.

Le problème de la prolongation d'une vie active chez les vieillards: à l'issue d'une enquête menée en 1969 par l'Institut national d'études démographiques, le pourcentage des Français âgés de plus de 65 ans est de 12%.

Le rhume banal: à quand un remède définitif? Les experts envisagent la fabrication d'un vaccin préventif du coryza (*head-cold*).

Le rhumatisme et l'arthrite (*f.*): causes majeures de journées de travail perdues en Angleterre.

La bronchite (la 'maladie anglaise') est-elle provoquée par la pollution atmosphérique?

Les ulcères gastriques sont-ils dus à des causes psychiques: à l'irritabilité, aux ennuis familiaux (*family troubles*), au rythme accéléré de la vie moderne?

l'hypertension (sanguine) (*high blood-pressure*) et le rôle de l'alimentation (*diet*)

L'accroissement (*increase*) de la carie dentaire (*dental decay*): à quoi est-il dû? Aux bonbons que mangent entre les repas nos enfants gâtés? Que savez-vous de la polémique (*controversy*) en Angleterre au sujet de l'efficacité du fluor (*fluoride*) dans ce domaine?

La variole (*smallpox*), la coqueluche (*whooping-cough*) et la diphtérie ont presque disparu, grâce à la vaccination.

les antibiotiques

la pénicilline

A quand la carte d'identité médicale?

Tout citoyen ne devrait-il pas porter une carte d'identité qui indiquerait en cas d'accident son groupe sanguin (*blood group*), ses antécédents pathologiques et chirurgicaux (*his medical and surgical history*) et les allergies (*f.*) auxquelles il est sujet?

Le problème des 'pilules de bonheur'

Le grand public, fatigué par un rythme de vie toujours de plus en plus accéléré, commence à utiliser les tranquillisants (*tranquillizers*). Mais leur usage inconsidéré est néfaste (*evil, harmful*); ces médicaments ne suppriment pas la nervosité. Ils la camouflent.

Au lieu d'avoir recours à ces remèdes (*m.*) temporaires, ne ferait-on pas mieux de faire une bonne promenade pendant le week-end / de se livrer à des distractions saines / de prendre du repos / de se mettre à un régime (*diet*) sain?

Le rôle idéal du médecin de famille dans le cadre de la sécurité sociale (within the framework of the National Health Service)

Le rythme de leur existence surmène tellement les omni-praticiens (*general practitioners*) qu'ils ne peuvent plus, de nos jours, pratiquer la médecine comme ils le voudraient. Pour 51 millions d'habitants, la densité médicale actuelle (1970) en France approche 135 médecins pour 100.000 habitants. Mais la répartition géographique (*distribution by regions*) est très inégale.

Estimez-vous que les médecins ont le droit moral de faire la grève (*go on strike*) pour protester contre leurs conditions de travail?

XI. SPORT

The Playing-fields of the World

The Playing-fields of the World

L'Angleterre éliminée

Léon, *14 juin.* (*De notre envoyé spécial.*)

Sir Alf Ramsey avait fait, on s'en souvient, reposer ses troupes pour le match contre la Tchécoslovaquie, en présentant, à Guadalajara, cinq remplaçants. Mais ici, à Léon, il avait prévu d'aligner son équipe type face aux Allemands, dans ce quart de finale de la Coupe du Monde. Il dut, toutefois, au dernier moment, apporter une modification à son équipe: en effet, Banks, souffrant, avait dû renoncer à participer à ce match. Ce fut donc le gardien de Chelsea, Peter Bonetti, qui fut titularisé. Pour sa part, Helmut Schoen, l'entraîneur de l'équipe germanique, n'avait eu aucune difficulté pour former son équipe. Tous ses titulaires étaient, en effet, en parfaite santé.

Dans une ambiance toujours aussi hostile à l'équipe d'Angleterre, qui ne s'en souciait d'ailleurs que fort peu, un arbitre argentin donna le coup d'envoi et, immédiatement, encouragés par tout le public, les Allemands se lancèrent à l'attaque...

June 15, 1970
Jean-Claude Chauvière *LE FIGARO*

Vers la Coupe du Monde, en 1974, à Munich

Deux cent cinquante personnes étaient présentes, hier matin, à l'aéroport londonien d'Heathrow, pour accueillir les footballeurs anglais de retour de Mexico...

L'accueil réservé à l'équipe d'Angleterre fut chaleureux. Chacun s'en montra heureusement surpris. Les Anglais, en règle générale, ne pensent pas que leurs représentants aient démérité.

L'entraîneur Alf Ramsey se refusa à faire toute déclaration. À ceux qui l'interrogeaient, il répondait laconiquement:

« J'ai besoin de quelques jours de repos. Je serai sans doute plus prolixe la semaine prochaine.»

Sir Alf s'est ensuite discrètement retiré pour rejoindre sa famille. Pourtant, il avait parlé à Mexico. Il avait parlé de la prochaine Coupe du Monde, celle qui aura lieu, en 1974, à Munich. Il espère bien prendre sa revanche ... si on le maintient dans ses fonctions. En effet, il ne pense pas que sa formation ait été franchement inférieure à l'allemande.

« Ne me faites pas dire que nous serons victorieux en 1974. Mais je pense que nos chances seront excellentes, car nous avons dans le pays de nombreux jeunes qui n'aspirent qu'à prendre la relève de leurs anciens, et ils sont remplis de qualités. En outre, les conditions de jeu à Munich nous seront plus favorables.»

June 18, 1970

SUPPLEMENTARY MATERIAL

L'équipe (f.) *de Rugby* (*Union*)

Avants:

Première ligne ⎫		1 2 3
Deuxième ligne ⎬ mêlée		4 5
Troisième ligne ⎭		6 7 8

Demis:
9
10

Trois-quarts:
11
12
13
14

Arrière:
15

1. Pilier
2. Talonneur
3. Pilier
4. Deuxième ligne
5. Deuxième ligne
6. Troisième ligne

7. Troisième ligne
8. Troisième ligne
9. Demi de mêlée
10. Demi d'ouverture
11. Trois-quarts aile droite

12. Trois-quarts centre droit
13. Trois-quarts centre gauche
14. Trois-quarts aile gauche
15. Arrière

une mêlée fermée (*set scrum*)
une mêlée ouverte (*loose scrum*)
les lignes de touche
les lignes d'essai (*try lines*)
les lignes de ballon mort
recevoir la passe
marquer un essai (*to score a try*)
réussir le but (*to convert*)
une transformation vaut 2 points
une pénalité (*penalty goal*) vaut 3 points
un drop vaut 3 points
botter en touche (*to kick into touch*)
une trouée/une percée (*gap, break-through*)
s'emparer du ballon (*to get possession of the ball*)
les fautes de jeu (*fouls*) sont sanctionnées (*penalized*) par des
   mêlées et des coups de pied francs
le coup d'envoi (*kick-off*)
en première mi-temps (*in the first half*)
le coup de sifflet final
l'état de la pelouse (*turf*)
la surface de jeu est boueuse (*muddy*)

L'équipe de football (*Association*)

		gardien de but		
	arrière droit		arrière gauche	
		demi-centre		
	demi-droit		demi-gauche	
ailier droit	inter droit	avant-centre	inter gauche	ailier gauche

L'importance du sport dans la vie scolaire anglaise

le développement physique des jeunes

éveiller l'esprit d'équipe (*team spirit*) / le respect des règles / l'esprit d'émulation / la ténacité / la maîtrise de soi (*self-control*)

Les élèves d'un lycée anglais sont partagés en 4 équipes générales ('*houses*'), chacune s'efforçant de surpasser les autres. L'équipe vainqueur de ces tournois sportifs reçoit un trophée sous forme d'une coupe d'argent le jour de la distribution des prix. Le *Sports Day* couronne une année d'efforts musculaires bien remplie.

Les élèves semblent plus développés qu'autrefois, comme en témoignent les statistiques. Dans quelle mesure ce développement est-il dû à la pratique du sport?

faire de la gymnastique

les mouvements d'ensemble

le tapis de sol (*mat*)

l'athlétisme (*m.*): le saut en hauteur (*high jump*)
              le saut en longueur
              le saut à la perche (*pole vault*)

Cependant il existe un danger. L'éducation anglaise n'accorde-t-elle pas une importance exagérée au sport, au détriment des matières plus intellectuelles?

Le problème de l'équipement sportif

Un stade (*sports-ground*) / une piscine (*swimming bath*) dans chaque village?

Beaucoup de sports ne nécessitent aucun stade. Ce sont: marche, cyclisme, ski, alpinisme, équitation (*riding*), patin sur glace (*ice skating*), etc. Plusieurs sports peuvent se pratiquer en salle, toute l'année: la gymnastique, l'escrime (*f.*) (*fencing*), la boxe, la lutte (*wrestling*), le judo, le volley-ball, le handball, le basket-ball, etc.

D'autres sports ont besoin d'espace.

un terrain de rugby / de football

les frais d'entretien (*upkeep costs*)

Beaucoup de clubs s'entraînent dans la nature, dans un champ, dans un hangar, faute de stades.

Le gouvernement devrait-il subventionner (*subsidize*) les groupements sportifs?

XII. CHOOSING A CAREER

1. JOBS FOR THE BOYS

Il faut se préparer de bonne heure, avoir la connaissance des
matières de base (*basic subjects*).
Souvent le métier qu'on a choisi demande un long apprentis-
sage.
choisir un métier convenant à ses aptitudes / à ses goûts
suivre des cours à un centre de formation professionnelle

Quelques qualités que pourrait exiger un employeur
une santé robuste et un tempérament actif
la vue et l'ouïe normales (*normal vision and hearing*)
la propreté, la discrétion, l'honnêteté
un langage soigné (*cultivated speech*)
une tenue parfaite (*well-groomed bearing*)

*Y a-t-il dans votre collège un professeur qui se charge de
l'orientation professionnelle?*
Quelques métiers requérant des connaissances techniques:

agent technique de laboratoire
calculateur
dessinateur (*draughtsman*)
technicien d'entretien (*maintenance technician*)
technicien commercial chargé de la gestion (*management*) d'un
grand magasin / d'études sur les produits et les marchés
(*market research*)
technicien chargé de la sélection du recrutement, du perfectionnement du personnel (*personnel selection and training*)
Les industries qui ont besoin de techniciens:
l'industrie métallurgique / chimique
l'énergie atomique
l'électronique (*electronics*)
le bâtiment et les travaux publics (*building and public works*)

l'industrie du pétrole (*oil*): ingénieur, géologue, cartographe, géophysicien

l'électricité: monteur-électricien, qui exécute toutes les installations, conducteur de tableau (*control-panel operator*)

l'industrie aéronautique: ingénieur, ajusteur (*fitter*), menuisier (*carpenter*), modeleur

l'industrie de l'automobile avec ses trois branches principales: la construction, la carrosserie, la réparation

Dans le domaine du commerce:

vendeur, représentant, étalagiste (*display artist*), agent de publicité, traducteur, interprète

la comptabilité (*accountancy*): le comptable, le caissier (*cashier*), l'expert-comptable (*chartered accountant*)

les carrières de la banque / des assurances (*insurance*)

l'hôtellerie: cuisinier, pâtissier, sommelier (*wine waiter*), réceptionnaire, gérant (*manager*)

Les carrières administratives de l'État

agent des contributions directes (*Income Tax*)

douanier (*Customs official*)

Les professions libérales

médecin, vétérinaire, dentiste, pharmacien, professeur

La fonction publique

Enseignement du Premier Degré: instituteur (*Primary-school teacher*)

Enseignement du Second Degré: professeur

les fonctionnaires de la Poste (*Postal officials*)

Aimeriez-vous devenir instituteur / institutrice ou professeur?

Les conditions de travail dans l'enseignement: nombre d'heures de classe: nombre d'élèves; état des locaux (*buildings*); présence ou absence de matériel scolaire convenable (*suitable*).

Les troubles mentaux des enseignants.

Mais le côté attrayant (*the other side of the picture*): le contact avec les jeunes gens, la joie de les mener dans le bon chemin.

2. — AND THE GIRLS

Le travail féminin

En France les femmes forment depuis près de 50 ans le tiers de la population active (*working population*).
couturière (*dressmaker*); modiste; vendeuse.
sténo-dactylo (*shorthand typist*)
employée de banque
secrétaire médicale
assistante sociale (*social welfare worker*)
esthéticienne (*beauty specialist*)
décoratrice
jardinière d'enfants (*kindergarten teacher*)
dessinatrice industrielle
mécanographe (*tracer*)
technicienne de laboratoire / laborantine
calculatrice
courriériste du cœur attachée à un magazine (*magazine heart-throb columnist*)
infirmière (*nurse*)

La vie d'une infirmière

la salle de soins
la salle d'opérations
prendre les températures; distribuer les médicaments; faire des piqûres (*give injections*); accompagner le médecin.
le pansement des plaies infectieuses (*dressing of infectious wounds*)
le contrôle incessant des divers traitements
rassurer, encourager les malades / leur donner des explications
donner aux familles des renseignements sur la gravité de leur cas

expliquer les possibilités de remboursement par les assurances sociales (*National Health benefits*)

Ce qui rend le travail d'une infirmière pénible: les malades difficiles; les gardes de nuit (*night duties*); le bruit; la routine journalière.

Mais il faut que l'infirmière reste calme, patiente.

Le rôle de la discipline dans les hôpitaux est-il exagéré?

Pourquoi choisir cette profession?

Soulager les malades et les conduire à la guérison (*recovery, cure*).

contribuer au renouveau (*renewal*) de la vie

Le travail d'une infirmière la met en relation avec des malades de toutes conditions (*all classes*), de toutes nationalités.

partager la vie de tout le corps médical / être membre d'une équipe au service du malade

participer aux opérations miraculeuses

épouser un jeune médecin

XIII. AUTOMATION

Gestion automatisée et humanisme

Le congrès consacré à ‹ Gestion automatisée et humanisme › vient d'avoir lieu à l'U.N.E.S.C.O. à Paris. Il s'agissait avant tout de faire le point des conséquences de l'entrée des ordinateurs dans la vie moderne et d'essayer de tracer les limites de leur impact sur notre civilisation. Il était essentiellement destiné à détruire certains mythes concernant des machines, qui, malgré leurs immenses possibilités, restent et resteront des machines.

Cet aspect a été mis en évidence par le secrétaire d'État à la recherche scientifique, M. Bernard Lafay.

M. Maurice Allègre, délégué à l'Informatique, a souligné le but de ce congrès « qui est, en se tournant vers un public non spécialisé, de réfléchir avec lui sur le sens ou le non-sens d'une civilisation de l'informatique.

«La mutation que va provoquer le développement de l'informatique, en particulier dans les relations humaines, est encore très mal perçue. Nous n'en sommes qu'à la préhistoire de la civilisation de l'informatique. Les mentalités, les idées, les concepts, c'est-à-dire en fin de compte l'homme lui-même, évoluent beaucoup moins rapidement que les technologies.

« Cette distorsion fondamentale dans les rythmes d'évolution de l'humain et de la machine est une des permanences de l'histoire, qui a provoqué maints soubresauts tragiques. Elle prend aujourd'hui une acuité particulière, non seulement à cause de l'évolution accélérée des technologies, mais surtout parce qu'aux certitudes croissantes sur l'ordinateur semblent correspondre des incertitudes grandissantes sur l'homme.

« C'est seulement à partir d'un immense effort de réflexion que pourront surgir des éléments de solution à ce problème fondamental ».

Brèves Nouvelles de France,
October 18, 1969

SUPPLEMENTARY MATERIAL

l'automation / l'automatisation
le machinisme (*mechanization*)
la chaîne de montage (*assembly line*)
La nouvelle ère — celle de l'électronique et de l'automation.
Une révolution technique qui consiste à peupler les usines de machines et à les vider d'hommes.
des machines capables de fonctionner sans intervention humaine
Depuis 1966 pilotage automatique sur une des lignes du Métro parisien; conduite intégrale du train sans aucune intervention manuelle sauf pour les ouvertures et fermetures des portes et le départ du train!

Le développement du progrès technique et de l'automation aboutira-t-il à une pléthore de main-d'œuvre (surplus of man-power)?
Pour l'instant, l'automation a ses limites; elle n'est encore susceptible d'être appliquée qu'à certains types d'opérations: le travail à la chaîne, la fabrication en série (*mass production*), le calcul (cerveau électronique), etc.
Quel sera l'effet d'une extension de ces procédés sur le marché du travail (*labour market*)?

Les problèmes psychiques

Quel type d'ouvrier l'usine de demain façonnera-t-elle?
être assis devant un tableau (*switchboard*) de boutons et de manettes (*f.*) (*hand-levers*)
le problème de l'équilibre nerveux
Une solution: la création de centres d'intérêt hors du travail qui permettront aux ouvriers d'occuper intelligemment leurs loisirs.

XIV. RACIAL INTOLERANCE

A Shadow from the Past

Le mystère des croix gammées

Les croix gammées, accompagnées d'inscriptions antijuives et d'affirmations nazistes, qui sont, depuis quelque temps, peintes ou dessinées sur les murs, dans les grandes villes de l'ancien et du nouveau monde, d'où viennent-elles? Qui les suscite? Que veulent-elles signifier? Le mystère qui les entoure n'a pas encore été percé. Les polices sont en défaut.

On a dit: « C'est un coup des communistes! L'origine en est à Moscou. Il s'agit de discréditer le chancelier Adenauer, en donnant l'impression que, derrière la façade de son régime, les réactionnaires, les nationalistes, les revanchards, les nazis sont déjà tout-puissants et s'apprêtent à rentrer en scène.»

L'interprétation serait, à la rigueur, valable si elle s'appliquait à une manifestation cantonnée dans les limites de l'Allemagne de l'Ouest. Mais du moment où elle se produit également en Angleterre, en Belgique, aux États-Unis, en Italie, en France, elle perd le sens qu'on était tenté de lui attribuer. Ce n'est pas Adenauer ni la République de Bonn qui sont spécifiquement visés.

·   ·   ·

Menacer les Juifs, ce n'est pas les desservir. C'est, au contraire, rappeler au monde libre qu'il a le devoir de les protéger; le tenir en alerte; c'est réveiller le souvenir abhorré des crimes du racisme et la volonté d'en empêcher à jamais le retour.

·   ·   ·

La multiplication des croix gammées sur les murs des grandes villes s'explique, en partie, par l'instinct d'imitation. Il est probable qu'en constatant la perplexité et l'émoi jetés dans le

63

public par l'apparition de l'emblème évocateur d'une époque maudite un certain nombre de mauvais garçons, de blousons noirs et autres jeunes polissons, tels qu'on en rencontre aujourd'hui en maints pays, se sont empressés, sans être pour autant des antisémites, d'apporter aux perturbateurs leur concours bénévole. Mais, la part faite à leur intervention, il reste que la campagne des croix gammées, soudainement déclenchée et simultanément mise en action dans les lieux les plus divers, semble être l'exécution d'une consigne, partie d'un poste de commandement. Il semble qu'il existe en quelque endroit une centrale antijuive, pro-fasciste et pro-nazie, et que cette centrale ait des ramifications secrètes dans les anciens pays belligérants.

January 13, 1960

SUPPLEMENTARY MATERIAL

Entre le 25 décembre 1959 et le 20 janvier 1960 plus de 500 actes d'antisémitisme ont été enregistrés dans 34 pays.

Barbouiller (*to daub*) les monuments publics de croix gammées / d'inscriptions injurieuses contre les Juifs

En 1965 deux synagogues londoniennes ont été brûlées et profanées au cours d'une seule nuit.

violer les cimetières (*m.*)

les manifestations (*demonstrations*) antisémitiques

Quels étaient les véritables instigateurs de ces méfaits?

Les jeunes coupables ont-ils été les victimes (*f.*) d'habiles propagandistes fascistes / néo-nazis?

Existe-t-il une organisation mondiale contre les Juifs?

Le rôle de l'Allemagne

L'attitude des Allemands envers les Juifs a changé depuis 1945. Les autorités allemandes veulent enrayer (*check*) cette nouvelle vague d'antisémitisme; elles craignent que cette renaissance de l'intolérance ne nuise à (*harm*) la réputation

de la République à l'étranger. Leur souci: montrer claire-
ment que l'Allemagne d'aujourd'hui n'a rien à voir avec
celle d'hier.

les camps de concentration / d'extermination
les chambres à gaz
la fosse commune (*common grave*)
les victimes de la dictature nazie
Il faut prendre des mesures dans le domaine de l'éducation
nationale pour que ces atrocités ne se renouvellent jamais.

Une analogie: les problèmes raciaux entre noirs et blancs

À Los Angeles, qui est topographiquement une juxtaposition
de dix villes étrangères l'une à l'autre, il y a eu au cours de
l'été 1965 une série de véritables batailles entre les noirs et les
blancs. Des magasins ont été pillés et le chef de la police a
dû imposer un couvre-feu (*curfew*) pour empêcher les ex-
trémistes armés de traîner dans les rues la nuit.

Le problème des immigrants en Grande-Bretagne

L'entrée des immigrants en provenance du Commonwealth
devrait-elle être rigoureusement contrôlée? Le gouvernement
devrait-il assister financièrement ceux des résidents du
Commonwealth qui manifesteraient le désir de refaire une
vie dans leur pays d'origine?
Au cours de la campagne électorale britannique de 1970
un des leaders conservateurs a parlé du 'péril noir' que
constitue la présence dans nos grandes villes d'un nombre
croissant d'immigrants d'origine indienne ou africaine.
Des porte-parole conservateurs, travaillistes et libéraux ont
tous condamné cette attitude raciste.
L'affaire de l'annulation (*cancellation*) de la visite de l'équipe
de cricket sud-africaine suite à une campagne en Grande-
Bretagne condamnant la discrimination dans le domaine
du sport.

XV. UNDER-DEVELOPED COUNTRIES

FAMINE HAUNTS THE GLOBE

Des millions dans la misère

« Quatre-vingts pour cent des ressources de la terre sont entre les mains de 20% de ses habitants.» Cette amère constatation, l'archevêque de Récife, Don Helder Camara, l'a faite devant les participants de la conférence œcuménique mondiale qui se tient à Montreux. Tout serait cependant possible, n'était ce qu'il appelle « l'aveuglement de la parcelle privilégiée » qui, comme l'indique la réunion de Beyrouth, « trouve normal de dépenser 150 millions de dollars chaque année pour ses armements, et qui ne réunit qu'à grand-peine dix millions pour la coopération économique et sociale.»

Ces 20% qui ont en mains 80% des richesses du globe sont d'origine chrétienne. Ont-ils vraiment — c'est l'archevêque de Récife qui pose la question — force morale pour engager une quasi-croisade contre le communisme ?

Ces 20% qui maintiennent 80% en situation infra-humaine ne sont-ils pas les vrais responsables de la violence et des explosions de haine qui éclatent ici ou là ?

« Tandis que se stratifiaient les injustices au long des siècles,» a dit Don Helder Camara, "injustices qui nous paraissent ensuite l'ordre social à défendre et à sauvegarder, nous, chrétiens, nous nous aliénions à tel point des problèmes terrestres que nous avons facilité l'implantation de l'injustice.»

Devant l'ampleur de cette injustice, Don Helder Camara demande que l'on mette fin aux exposés purement théoriques. Cela, dit-il, n'ira pas sans difficulté: intérieurement, beaucoup de leaders chrétiens se laissent ébranler par la crainte que des changements trop rapides ne troublent l'ordre social, ne blessent le principe de l'autorité et ne détruisent la propriété privée. Mais de quel ordre parlent-ils ? Celui que nous avons sous les yeux et qui consiste à laisser dans la misère des millions d'enfants de Dieu mérite plutôt le nom de désordre social, d'injustice stratifiée. Propriété privée? Mais qui ne sait, qui ne voit comment, nous, chrétiens, nous avons abandonné les Pères de l'Église, et nous avons fini par découvrir un droit divin à la propriété privée?

January 29, 1970
Jean Bourdarias *LE FIGARO*

SUPPLEMENTARY MATERIAL

les pays insuffisamment développés d'Extrême-Orient, du Moyen-Orient et de l'Amérique latine

la faim et l'analphabétisme (*illiteracy*)

Les experts de l'O.N.U. estiment que plus d'une moitié des habitants de la Terre — sans compter les enfants — sont illettrés (*illiterate*).

Un des problèmes: quelles langues devrait-on enseigner? L'anglais, le russe, le français? Il existe actuellement à peu près 3.000 langues différentes, dont la majorité disparaîtront peu à peu.

Le taux d'accroissement de la population mondiale (rate of increase in world population)

la population actuelle (1970) du globe: 3.800 millions d'individus

On prévoit que d'ici la fin du siècle ce chiffre sera de 6.300 millions.

Malthus avait-il raison quand il énonça sa théorie?

Les malthusiens croient qu'un jour il n'y aura pas assez d'aliments (*food*) pour nourrir tout le monde.

Quelques solutions

La science est aujourd'hui en mesure de (*is in a position to*) semer dans l'univers la mort ou l'abondance.

l'utilisation de l'énergie nucléaire pour accroître la production
  alimentaire (*increase food production*) dans les pays arides

l'élevage des poissons dans des enclos (*breeding enclosures*)
  maritimes

le contrôle du temps pour éviter les sécheresses (*droughts*) et les
  inondations (*floods*)

appliquer des méthodes techniques à l'agriculture primitive

le rôle de la chimie agricole ; la construction des usines d'engrais
  (*fertilizers*) et d'insecticides (*m.*)

mettre les bienfaits de la civilisation à la portée de (*within reach
  of*) tous les hommes.

A-t-on le droit de diminuer le taux de natalité (*birth-rate*)
  mondial en propageant les méthodes de la planification des
  naissances (*birth control*) ?

le point de vue de l'église catholique romaine

XVI. T.V. AND ALLIED TOPICS

1. THE MEDIUM AND THE MESSAGE

La T.V. et le théâtre

La T.V. est-elle une amie ou une ennemie du théâtre? Nous avons posé cette question à deux responsables de salles, dont le public, le répertoire et le mode d'exploitation sont différents: Guy Rétoré, directeur du Théâtre de l'Est Parisien, André Barsacq, directeur du Théâtre de l'Atelier.

« La télévision », estime Guy Rétoré, « sert le théâtre lorsqu'elle informe son public des créations qui se font sur la scène — c'est le cas de l'excellente émission ‹ Les Trois Coups › — mais elle nous fait du tort lorsqu'elle supprime cette émission et n'offre plus aux téléspectateurs qu'un théâtre hybride, la plus mauvaise référence qui soit: ‹ Au théâtre ce soir › .»

À ce propos, la critique d'André Barsacq sera moins violente: il pense que l'émission de Pierre Sabbagh peut rendre service au théâtre à condition que le répertoire soit beaucoup mieux choisi et l'enregistrement mieux soigné.

« Amie ou ennemie, la télévision? », poursuit Guy Rétoré. « En fait, ni l'une ni l'autre, car la T.V. et le théâtre sont deux modes d'expression essentiellement différents, qui ne se comparent pas mais qui pourraient se compléter. Je pense à une dramatique comme ‹ Le Mariage de Figaro ›, adapté au petit écran par Marcel Bluwal: il a fait œuvre de télévision car il a réussi une transposition totale, en utilisant au maximum les possibilités qu'offre la T.V. Il n'a pas fait du théâtre mais il l'a beaucoup servi parce qu'avec cette émission il a rehaussé le goût du public, il lui a donné l'envie d'aller au théâtre.»

André Barsacq, qui a réalisé plusieurs émissions pour le petit écran, développe les mêmes idées que Guy Rétoré mais va plus loin dans la mise en cause de la T.V.:

« ... Le public qui va au théâtre n'est pas le même que celui qui regarde fidèlement la T.V. Une enquête a révélé que pour la région parisienne, 350.000 personnes seulement fréquentent le théâtre. Combien y a-t-il de téléspectateurs ? Quand je travaille à la T.V., je ne modifie pas mes goûts et je continue de m'adresser à mon public.»

April 24, 1970
Pierre Dupont et Jean Belot *LE FIGARO*

SUPPLEMENTARY MATERIAL

L'influence de la télévision

Nouveau phénomène social — le petit écran (*screen*) qui a transformé la vie de millions de téléspectateurs.

le grand essor / le succès foudroyant (*overwhelming*) de la T.V.

une antenne (*aerial*) dressée sur chaque toit — symbole (*m.*) d'une révolution sociale et économique

Les Anglais, préfèrent-ils acheter un récepteur de télévision plutôt que de faire installer une salle de bains à leur domicile ? D'après le ministère de la Santé, $3\frac{1}{4}$ millions de foyers (*households*) n'ont pas encore de salle de bains.

la vente des téléviseurs fabriqués en très grande série (*mass-produced*)

augmentation du nombre des postes — diminution des prix de vente

L'achat d'un récepteur / poste de télévision / téléviseur n'est plus considéré comme un luxe. Même les familles vivant dans les conditions les plus pauvres ne veulent plus se passer de (*do without*) la T.V.

La T.V. comme moyen d'évasion (means of escape)

Sans quitter son fauteuil, on peut assister aux grands événements mondiaux. Cessera-t-on de fréquenter le cinéma, le théâtre, le café ? La T.V. remplacera-t-elle un jour la conversation, la lecture ? Jeune encore, peut-elle devenir le miroir de la vie, l'unique instrument de l'expression sociale et artistique?

Peut-elle apporter détente (*f.*) (*relaxation*) et en même temps enrichissement à l'esprit? Ou bien, le poste de télévision est-il un instrument d'abrutissement (translate: '*idiot's lantern*')?

Quelle est la valeur des programmes du point de vue culturel?

Selon une enquête menée en 1970, la télévision absorbe la plus grande partie du temps libre de la majorité des Français; plus d'un adulte sur quatre allume son récepteur toute la soirée. Par contre, 1 Français sur 75 joue d'un instrument de musique, et 7 sur 10 ne sont pas allés au théâtre de leur vie. Quant au cinéma, moyen d'évasion universel d'hier, 50% des adultes n'y vont jamais ou presque.

Quel sera éventuellement le rôle de la télévision?

1. Dans le domaine de l'enseignement (*education*): le poste de télévision remplacera-t-il un jour le professeur?

   L'image visuelle tend-elle à dispenser l'élève d'un effort soutenu? Ne conduit-elle pas à la passivité?

   Les jeunes d'aujourd'hui préfèrent-ils les images à la lecture?

   Quels dangers la T.V. comporte-t-elle pour les jeunes?

   L'influence des 'westerns' sur l'esprit de la jeunesse. Les enfants sont privés de sommeil, négligent leur travail scolaire et se fatiguent les yeux. Y a-t-il trop de films policiers américains à la télévision commerciale?

   Quel devrait être le maximum d'heures de télévision par jour pour les enfants?

2. Dans le domaine de la médecine: des centaines d'étudiants en médecine peuvent suivre les détails d'une opération chirurgicale grâce à des images projetées sur grand écran dans un amphithéâtre voisin. Et moins de danger d'infection pour le malade!

   Aux États-Unis, une caméra de télévision miniature vient d'être mise au point (*has just been perfected*) qui permettra aux dentistes d'examiner les mâchoires de leurs clients sans se donner le torticolis (*without giving themselves a crick in the neck*).

3. Dans la conquête du cosmos: munis (*equipped*) d'une caméra de télévision, les astronautes ont déjà transmis des images du paysage lunaire. Des satellites nous fournissent également des observations sur les conditions atmosphériques terrestres. Réussira-t-on par ce moyen à contrôler notre climat?

4. Dans l'industrie moderne: grâce aux appareils électroniques, les techniciens peuvent examiner minutieusement la structure des métaux, des textiles, etc.

5. Dans le monde du commerce: une banque anglaise vient de mettre en service dans quelques-unes de ses agences (*branches*) un circuit fermé de télévision qui permet de projeter sur l'écran la position bancaire (*state of account*) des clients. L'appareil émetteur se trouve au siège (*head office*) de la banque.

6. Dans le domaine de la politique: les campagnes électorales britanniques depuis 1959 ont nettement démontré l'importance de ce moyen de propagande (*f.*).

2. Eye of the World

La Coupe du Monde en ‹ Mondovision ›

Une bonne douzaine de rencontres, en direct et en différé: en tout quelque vingt heures de football; les amateurs de ballon rond, pendant vingt jours, ont eu de quoi être comblés. La télévision leur a permis, des matches de qualification à la finale, de suivre la Coupe du Monde mieux sans doute que les spectateurs au Mexique.

La qualité de la retransmission, surtout en couleur, nous l'avons admirée les premiers soirs... D'importants progrès ont sans aucun doute été faits à cette occasion dans le domaine des transmissions régulières à grandes distances et en direct.

Sur place, les cameramen et réalisateurs mexicains, qui bénéficiaient d'une assistance technique internationale, ont su profiter des leçons de la précédente Coupe du Monde et des innovations — images-croquis, gros plans — mises alors au point par les équipes britanniques de direct. Les caméras suivaient de très près le ballon, de trop près parfois même: elles ne nous ont pas toujours permis de comprendre, en élargissant les cadrages, la place des hommes, et donc la tactique de chaque équipe. Mais pas une action de jeu importante, pas un but ne leur a échappé. En nous repassant ces actions aussitôt après à une, deux ou même trois reprises (grâce notamment, pour les buts marqués, à une caméra très bien placée derrière les filets), en identifiant très rapidement les joueurs grâce à un ‹ plan rapproché › et à un sous-titre portant leur nom et leur numéro, elles nous ont permis de vivre le match ‹ sur le terrain ›, d'en saisir vraiment le rythme et l'âpreté.

June 23, 1970
Bernard Soulé *LE FIGARO*

SUPPLEMENTARY MATERIAL

un poste à grand écran de 54 cm. (*21-inch screen*)
un tube image grand angle
un appareil à très longue distance (*'fringe area' model*)
les postes deviennent de moins en moins encombrants (*bulky*)
le système de la location-vente (*hire-rental*)
l'achat à crédit (*hire-purchase*)
le téléspeaker / la téléspeakerine (*announcer*)
le reportage (*topical report*)
le documentaire
le journal télévisé (*the 'News'*)

La multiplicité des programmes

A New York, n'importe quel téléspectateur peut capter (*pick up, tune in to*), en tournant le bouton, plus d'une douzaine d'émissions différentes.

En Grande-Bretagne, une des chaînes de la T.V. est subventionnée (*sponsored*) par de grandes firmes, les réclames (*f.*) (*advertisements*) / les annonces publicitaires étant intercalées entre les émissions.

La télévision remportera-t-elle la victoire sur la radio, l'électro-phone (m.) / *le tourne-disque?*

le disque 'longue durée' / le disque microsillon
un électrophone de haute fidélité
4 vitesses — 16. 33. 45. 78 tours
la tête de lecture (*pick-up head*)
le haut-parleur
l'amplificateur (*m.*)
la popularité des postes de radio portatifs / des 'transistors', qu'on peut promener dans la rue, sur la plage
la vogue du magnétophone (*tape recorder*)
La haute fidélité ('*Hi-Fi*') ne cesse de devenir un des passe-temps les plus populaires de notre époque (*f.*). Pour les fanatiques du son pur, la perfection technique devient un but en soi (*an end in itself*); l'auditeur moyen (*the average listener*), entendant pour la première fois un de ces appareils sensibles, a l'impression qu'il avait auparavant du coton (*cotton-wool*) dans les oreilles.

La radiostéréophonie marque une nouvelle étape dans le développement de la radio 'toute pure' (translate: '*steam radio*'). Étant donné un parfait équilibre de deux récepteurs, l'amateur éclairé (*the enlightened sound-fan*) peut jouir d'une nouvelle dimension sonore.

la modulation de fréquence (*frequency modulation* — *F.M.*)

La T.V. en couleurs

Le système français de la T.V. en couleurs partage avec le système américain le principe de la 'double compatibilité' — c'est-à-dire, l'émission en couleurs peut être reçue (en noir et blanc) par les postes ordinaires, et les postes couleurs peuvent recevoir (sans couleurs) les émissions noires.

Phénomène révolutionnaire: la vidéocassette (T.V. cassette)

La production en série (*mass production*) de téléviseurs couleur à cassette commencera aux États-Unis au début de

1971. Grâce à un tel appareil on pourra enregistrer une émission normale (même à distance) et aussi une émission amateur réalisée (*filmed*) chez soi avec une caméra de télévision, et enfin passer (*show*) des films-cassettes pré-enregistrés que l'on pourra acheter ou louer.

XVII. ROAD ACCIDENTS

1. SLAUGHTER ON THE AVENUE

Bilan du week-end de la Pentecôte

Les retours des automobilistes en direction de la capitale se sont poursuivis, hier, en début de matinée, à partir de 7 heures, mais à un rythme nettement moins accéléré que la veille. Ce sont surtout les gens ayant passé leurs trois jours de congé en Bretagne ou en Normandie qui ont choisi de rentrer mardi matin. Ce phénomène est aisément explicable, ces régions étant à quelques heures de la capitale...

À propos des accidents de ces trois jours de week-end, M. Jacques Baumel, secrétaire d'État auprès du premier ministre, chargé des relations publiques, a tiré les conclusions de l'expérience de limitation de vitesse:

« Le premier bilan de ces trois jours révèle une amélioration très nette en ce qui concerne le pourcentage des accidents de la route », estime-t-il. « Selon les renseignements recueillis par le ministère de l'Intérieur, la gendarmerie et la police nationale, il apparaît une diminution de 24% des accidents mortels, 18% des accidents avec blessés, pour un trafic qui a été, selon les régions, égal ou supérieur à celui des fêtes de la Pentecôte de l'an dernier. D'une façon générale, il y a eu 13% d'accidents en moins par rapport à l'année dernière. Ces statistiques confirment le renversement de tendance que l'on constate depuis le mois d'avril dernier sur la courbe des accidents mortels de la circulation. En effet, en janvier 1970, on a dénombré 20% d'augmentation d'accidents mortels; en février, 18% d'augmentation; en mars, 17%, alors qu'en avril de la même année, il y a eu une diminution de 15% du nombre des tués sur les routes. » ...

Le bilan du week-end de la Pentecôte, relevé sur l'ensemble

du territoire, s'élève à 2.341 accidents, qui ont fait 121 morts et 3.743 blessés.

May 20, 1970

SUPPLEMENTARY MATERIAL

En 1969 7.383 personnes ont été tuées dans des accidents de la route en Grande-Bretagne. Au cours de la même année il y a eu en France 14.705 morts et 318.532 blessés.

A l'occasion des vacances de Pâques 1970 les autorités françaises ont interdit la circulation des poids lourds (*heavy lorries*) sur l'ensemble du réseau routier (*the entire road network*) et imposé une limitation de vitesse de 110 kilomètres-heure sur les routes nationales les plus fréquentées.

.   .   .

le passage clouté ('*zebra*' crossing)
le passage à niveau (*level-crossing*)
la circulation en sens unique (*one-way traffic*)
une rue à sens unique
les heures de pointe (*rush-hour periods*)
le code de la route (*Highway Code*)
éviter un accident de justesse (*to narrowly miss an accident*)
rouler à toute allure
être heurté par une autre voiture
déraper dans un virage (*to skid on a bend*)
la voiture fait un tête-à-queue (*slews round*)
les passagers sont indemnes (*unharmed*); plus ou moins grièvement blessés
doubler / dépasser (*to overtake*) un autre véhicule
doubler au haut d'une côte, dans un tournant, au delà de la ligne jaune
les dangers du doublage / dépassement en troisème position (*double overtaking*)
le mauvais temps; la mauvaise visibilité; l'état du sol
La chaussée est rendue glissante par la pluie, la neige, le verglas (*ice*).

Dans quelles proportions les accidents de la route sont-ils dus à des défauts techniques?

Les différents modes d'éclairage de la voiture:
  les feux de position (*parking lights*)
  rouler en phare (*to drive with undipped headlights*)
  rouler en code (*with dipped headlights*)
  rouler en veilleuse (*with side-lights on*)

Les clignotants (*flashing indicators*) et les flèches (*semaphore-type indicators*): lesquels sont les plus efficaces?

des freins qui fonctionnent mal

des défauts de la direction (*steering defects*)

Les autorités devraient-elles mettre à l'épreuve (*test*) tous les vieux véhicules, comme en Angleterre? Dans plusieurs pays européens l'âge d'origine des voitures s'étale sur (*spreads over*) un quart de siècle.

Le Français achète sa voiture plus pour ses loisirs que pour son travail, et il n'a pas honte de posséder une vieille voiture. En 1968, sur 9.000.000 voitures, 4.500.000 avaient moins de 5 ans, 3.000.000 entre 5 et 10 ans et 1.500.000 plus de 10 ans.

En France tous les motifs d'ornement (*ornamental mascots*) de capot (*radiator bonnet*) sont interdits, étant considérés comme des objets dangereux.

Les causes psychiques des accidents routiers

La vulnérabilité aux accidents s'accroît à l'occasion de soucis d'ordre privé (*increases in cases of personal worries*).

Les auteurs d'accidents devraient-ils subir un examen médical?

Combien d'accidents sont dus à des fautes humaines: à la fatigue; à l'alcoolisme; à la manie de la vitesse?

faire un repas trop arrosé (*to have too much to drink with one's meal*)

la conduite en état d'ivresse (*drunken driving*)

En 1969, 51.536 conducteurs français ont été soumis au contrôle de l'alcotest par suite d'un accident ou d'une infraction (*offence*) au Code; il y a eu 14.731 cas positifs, soit 28,6% du total.

Comment réduire le nombre des accidents ?

1. limiter la vitesse des voitures
2. réduire les causes de fatigue en améliorant les horaires et les conditions de travail (*by improving working hours and conditions*)
3. imposer l'installation de ceintures (*f.*) de sécurité (*safety-belts*) dans toutes les voitures. Les États-Unis ont enregistré une réduction de 10% sur toutes les blessures au cours de certaines expériences dans ce domaine.
4. la propagande contre la consommation de l'alcool par les conducteurs
5. des leçons de conduite d'auto dans nos écoles ?

La modernisation du réseau routier (road network)

La construction de milliers de kilomètres d'autoroutes est envisagée pour le réseau européen.

faire face au trafic intense

Une autoroute de première catégorie permet des vitesses de 120 kilomètres à l'heure.

deux larges chaussées séparées par un refuge central et présentant un accotement (*shoulder*) de 3 mètres en bordure de chaque axe

le danger des badauds du dimanche (*Sunday sightseers*) sur les autoroutes

Le boulevard périphérique (*ring road*) de Paris sera achevé à la fin de l'année 1972.

Devrait-on limiter la vitesse sur les autoroutes ?

En 1969, 20% des accidents sur les routes françaises ont été provoqués par des excès de vitesse.

Même sur la meilleure des autoroutes, une vitesse de 150 kilomètres à l'heure fera courir aux occupants d'une voiture des risques injustifiables. Les autos modernes peuvent devenir des projectiles guidés. Toute vitesse est dangereuse lorsqu'elle approche la limite permise par l'état de la route et celui du véhicule.

être possédé par l'esprit de compétition
se faire prisonnier d'un horaire (*slave to a time-table*)

La femme au volant (at the steering-wheel)

Les femmes sont-elles de mauvaises conductrices? Ou bien, sont-elles plus prudentes que les hommes?

passer son permis de conduire (*driving test*) avec succès à la première tentative

Les statistiques (*f.*) montrent qu'en France les femmes commettent moins d'infractions au Code (*traffic offences*) que les hommes. Les dossiers de retraits des permis de conduire (*records of suspension of driving-licences*) concernent 95% d'hommes et 5% seulement de femmes — et il y a environ 8 conducteurs pour une conductrice.

En France, les infractions (*breaches of regulations*) suivantes peuvent donner lieu, en cas de récidive (*if repeated*), à la suspension du permis de conduire:

    vitesse excessive

    accélération d'allure par le conducteur sur le point d'être dépassé

    non-respect des signaux prescrivant l'arrêt

Le non-respect du signal 'stop' entraîne (*involves*) la suspension du permis de conduire dès la première infraction.

2. TRAFFIC PROBLEMS

Stationnement payant

Le Conseil de Paris ouvrira lundi sa session de printemps. Les problèmes de stationnement payant en surface seront de nouveau évoqués. En 1968, le Conseil avait décidé d'instituer le stationnement payant sur quelque 4.500 places situées sur des pistes spécialement aménagées. Les résultats techniques et financiers des premières expériences (450 places) seront communiqués à l'Assemblée. Certains amendements aux décisions prises seront proposés.

C'est ainsi que sur les pistes situées dans la zone bleue actuelle le tarif qui avait été fixé à 0,50 F l'heure, serait de

1 F l'heure et la durée du stationnement autorisée, selon le régime actuel de la zone bleue, limitée à une heure sauf pendant la période du déjeuner.

Il est, en outre, demandé à l'Assemblée d'inclure parmi les pistes où le stationnement devra être payant celles des avenues Kléber et Iéna et de l'avenue Carnot, pour 760 places au total.

En définitive, le programme tend à la mise en service le plus rapidement possible d'environ 2.200 places au tarif de 1 franc l'heure avec limitation de durée à une heure, et d'environ 1.900 places à 1 F les deux heures.

Le système de recouvrement proposé serait celui du chèque de stationnement. Les usagers achètent une série de ces chèques, dont chacun représente une tranche de stationnement, et les utilisent selon leurs besoins.

Il s'agit ici de projets intéressant les projets aménagés et non du stationnement payant le long des trottoirs dans son ensemble, sur lequel le Conseil s'est prononcé l'an dernier par un ‹ non mais... ›, qu'une commission spéciale est chargée d'étudier.

February 28, 1970

Supplementary Material

Les embarras nés du stationnement (*parking*) aux mauvaises heures dans les quartiers encombrés se multiplient de façon inquiétante.

Le problème du garage (*garaging*): beaucoup de Parisiens garent leur voiture dans la rue. La solution: des garages souterrains.

Les plaies de la circulation urbaine

la double file (*double-line traffic*)

les taxis en maraude (*taxis plying for fares*)

les chercheurs de places de stationnement

les conductrices de 2 heures à 5 heures

les rues tortueuses

les embouteillages (*m.*) (*traffic jams*)

Quelles mesures prendre ?

Devrait-on supprimer les cyclistes et les moto-cyclistes dans les rues des grandes villes ?

Faut-il enfin limiter l'utilisation des voitures particulières (*private cars*) dans le centre des affaires ?

On ne peut guère supprimer les gros transports et les voitures de livraison (*delivery vans*) au centre des grandes villes — ce serait en tuer la vie économique.

Pourrait-on instituer une journée de travail continue avec étalement des horaires (*staggering of working hours*), pour atténuer les encombrements (*spread out traffic peaks*) ?

La préfecture de police devient-elle une usine à contraventions (a factory for imposing fines) ?

appliquer et encaisser une amende sur-le-champ (*to impose and collect a fine on the spot*)

Les policiers devraient-ils avoir le droit de faire enlever (*remove*) les voitures stationnées au mépris des règlements (*against regulations*) ?

conduire en fourrière (*to impound*)

Des amendes pour le piéton (*pedestrian*) qui commet une infraction (*breaks a regulation*) ?

Le stationnement payant

La rue est destinée à la circulation; si on l'utilise pour les stationnements prolongés, ne devrait-on pas payer le prix de la location (*rent*) ?

La taxe de stationnement pourrait être employée à construire des parkings (*car parks*).

Mais ce serait créer une taxe de plus. Les automobilistes dépensent déjà tant pour la motorisation !

XVIII. AVIATION AND MOTORING

1. THE JET AGE

Un ‹ Boeing 747 › descend les Champs-Élysées

Après ‹ Concorde ›, un avion de ligne a pu exceptionnellement survoler, hier, la capitale, en dépit des règlements établis. Non seulement une dérogation avait été accordée, mais le préfet de police lui-même, M. Maurice Grimaud, était du nombre des invités qu'‹ Air France › avait conviés à cette originale présentation en vol du ‹ Boeing 747 ›. La Compagnie nationale, on le sait, mettra en service plusieurs de ces appareils sur l'Atlantique Nord à partir du 3 juin.

De nombreux journalistes, attachés de presse, spécialistes de la publicité et de l'information, ainsi que quelques-unes des speakerines de la Télévision française, participaient à cette ‹ grande première ›, qui permit d'apprécier les performances et le confort de ce géant de l'air, dont le poids atteint 322 tonnes.

Un décollage en 30 secondes, à Orly, une rapide ascension et les commandants de bord, MM. Alfred Dombreval et René Lami firent évoluer le gigantesque ‹ jet › à quelque 800 mètres d'altitude seulement au-dessus de Versailles, Saint-Germain, avant de revenir vers la Défense et Paris dans l'axe des Champs-Élysées. Les Parisiens eurent ainsi le loisir de contempler le mastodonte du ciel et même établir une comparaison de masse et d'envergure, puisque une ‹ Caravelle › vola un moment à proximité.

Les invités purent ainsi goûter le confort inégalé du plus spacieux des vaisseaux volants. On a beaucoup plus l'impression d'être dans une salle de spectacle que dans un avion.

Les fauteuils sont moelleux, un peu plus larges que ceux placés dans les autres appareils. Et surtout disparaît, grâce à la hauteur du plafond de la cabine, cette sensation d'écrasement parfois ressentie. À n'importe quelle place on peut se dresser sans gêne.

En prélude au vol avait eu lieu une visite des infrastructures spécifiques au ‹ Boeing 747 ›, en particulier des hangars dont les dimensions sont à la mesure des appareils qu'ils abritent. Pour protéger au sol cet extraordinaire aéronef de 70m de long, de 59m d'envergure, de 19m de haut, il a en effet fallu construire des bâtiments dans lesquels pourraient être placés deux fois l'Arc de Triomphe de l'Étoile!

Un seul regret, hier, la relative brièveté du voyage: c'était un peu comme si on était monté dans une ‹ Rolls › pour aller du Rond-Point à la Concorde! *May 22, 1970*
Philippe Forissier *LE FIGARO*

Supplementary Material

L'aéroport de Paris — qui comprend actuellement les installations du Bourget et celles d'Orly — a accueilli 10.890.000 passagers en 1969. En février 1971 la nouvelle aérogare d'Orly-Ouest sera ouvert au public, et à partir de 1973–1974 le nouvel aéroport de Roissy-en-France prendra peu à peu le relais d'Orly (*will relieve Orly*).

L'aérogare d'Orly demeure l'édifice le plus visité en France, même avant la tour Eiffel.

Les avantages des voyages en 'jet'

temps de vol réduit (*reduced flying-time*)
New York sans escale (*f.*) (*non-stop*)
des fauteuils de dimensions exceptionnelles
de larges accoudoirs clubs (*wide, comfortable arm-rests*)
des repose-pieds (*foot-rests*)
des repas gastronomiques
le bar-promenoir (*promenade-deck bar*)
appuyer sur le bouton d'appel pour faire venir le steward ou l'hôtesse de l'air.

Le problème du bruit dans les avions à réaction (jet-planes)

Le 1er octobre 1969 l'avion supersonique franco-anglais 'Concorde' a franchi le mur du son (*broken the sound barrier*) pour la première fois, exécutant un palier (*in level flight*) à la vitesse de Mach 1,05, soit 1.150 km/h, pendant une dizaine de minutes. À cette vitesse aucun bang sonique ne pouvait être perçu au sol, dans les agglomérations (*built-up areas*) survolées.

Les accidents de l'air
l'entraînement des pilotes
le copilote
les trous d'air (*air-pockets*)
une couche nuageuse (*cloud-layer*)
le problème du surmenage (*strain*), de la fatigue chez les pilotes

Le rôle de l'hélicoptère (m.)
éviter le long trajet en car entre l'aéroport et l'aérogare
Les difficultés: le problème du bruit; le manque de pistes d'atterrissage en ville.
L'hélicoptère peut jouer un rôle important dans le sauvetage des infortunés perdus dans des lieux inaccessibles, et dans la surveillance des plages et des routes nationales pendant la période des grandes fêtes.
L'aéroglisseur (*hovercraft*), vaisseau qui évolue sur les flots grâce à un coussin d'air, connaît un essor considérable (*is gaining in popularity*).
À quand la mise en service de 'l'hydroptère', navire qui glisse sur l'eau grâce à des patins (*skates*)?

2. CAR TRENDS
Expérience originale de Citroën

En collaboration avec la firme allemande NSU, Citroën travaille depuis des années à la mise au point d'un moteur à piston rotatif. Des essais nombreux ont été poursuivis, ils sont satisfaisants; mais avant la production à la chaîne d'une voiture à moteur rotatif, des travaux complémentaires, des essais nouveaux sont nécessaires. Pour les mener à bien, Citroën vient de décider de faire appel à ses clients.

À partir de janvier prochain, 500 prototypes équipés d'un moteur ‹ monorotor › seront livrés à des acheteurs qui s'en serviront selon leurs besoins habituels, sous le contrôle et l'aide technique de Citroën qui a besoin de savoir comment se comporte son moteur dans des conditions d'emploi normal, afin de corriger les défauts éventuels. Ainsi, le jour de la commercialisation de cette voiture, les clients auront pleine satisfaction.

Les voitures qui seront vendues dans le cadre de cette expérience originale le seront à des acheteurs répartis dans toute la France; la priorité sera donnée à ceux qui parcourent plus de 30.000 km par an. Le fait que les acheteurs aient payé le prototype les obligera à conduire normalement le véhicule. En cas de pannes ou de difficultés quelconques, ces acheteurs confieront la voiture à leur concessionnaire, qui déposera le moteur (et le retournera au bureau d'études Citroën) et effectuera un échange standard. Ce système permettra au bureau d'études de faire le point régulièrement et de dresser un bilan final. Ce bilan global n'interviendra que lorsque les 500 prototypes auront parcouru au moins 100.000 km. Autrement dit, on ne peut raisonnablement envisager la sortie d'un éventuel modèle de série Citroën à moteur à piston rotatif avant plusieurs années.

December 13, 1969
Brèves Nouvelles de France

La ‹ Vega 2300 ›

La General Motors, numéro 1 des constructeurs américains (et mondiaux) d'automobiles, a donné aujourd'hui des détails sur sa ‹ mini-voiture ›, la ‹ Vega 2300 ›. Elle sera équipée au choix d'une transmission automatique, semi-automatique, ou bien mécanique à 3 et 4 vitesses. Les deux premières transmissions seront fabriquées aux États-Unis, la dernière en Allemagne de l'Ouest. La General Motors se propose de vendre 400.000 Vega par an, au prix de 2.000 dollars (11.000 F) environ.

Cette Vega 2300 est la réponse de la G.M. à la concurrence

des voitures de petite cylindrée importées d'Europe. L'
American Motors a déjà sorti la ‹ Gremlin ›, Ford lancera en
automne la ‹ Pinto › et Chrysler rejoindra ses concurrents l'an
prochain dans le domaine de la petite cylindrée.

June 24, 1970

SUPPLEMENTARY MATERIAL

Que chercheriez-vous dans une nouvelle voiture?

une voiture qui répond aux exigences de la circulation urbaine
  (*meets the demands of town traffic*)
la simplicité d'entretien (*easy maintenance*)
une voiture à transmission automatique
le confort: les accoudoirs (*arm-rests*); l'allume-cigare; les
    pochettes latérales (*side-pockets*); le chauffage
    efficace (*an efficient heating-system*); une vaste
    malle arrière (*large boot*); l'absence de bruits de
    carrosserie (*body-noises*).
    Les portières doivent se refermer avec un bruit mat
    (*with a dull click*).
la sécurité: le tableau de bord (*dashboard*) bordé de bourrelets
    antichoc (*lined with safety-padding*);
    le dégivrage (*de-frosting*) de la lunette arrière (*rear-
    window*)
    des essuie-glace (*windscreen-wipers*) efficaces
    un rétroviseur (*rear-mirror*) non éblouissant (*anti-
    dazzle*)
    les freins hydrauliques
    le manque de 'fading' / brusque atténuation des
    freins
    le capot du moteur qui s'ouvre d'arrière en avant
    (*bonnet hinged at the front and opening upwards*)
    le pare-brise à courbure modérée (*windscreen only
    slightly curved*) pour éviter reflets et déformations
    d'objets)
Ne pas oublier de limiter sa vitesse lorsqu'on est en rodage
  ('*running in*')!

XIX. BRITISH POLITICS

EVERY CHILD THAT'S BORN ALIVE . . .

L'Annonce des élections générales

LONDRES, *18 mai*

M. Wilson a usé, aujourd'hui, de la prérogative — de date relativement récente en ce pays de tradition — qui s'attache, depuis Lloyd George et les élections de 1918, aux fonctions de premier ministre, en annonçant à la reine d'abord, puis immédiatement au pays, sous la forme d'un communiqué, la décision capitale qu'il lui appartenait de prendre à lui seul.

La Chambre des Communes, rappelée le 26 mai pour approuver les grandes lignes de la nouvelle loi des finances, sera dissoute le 29. Le 18 juin, plus de trente-sept millions de Britanniques, dont les bataillons ont été considérablement grossis depuis 1966 par l'entrée en scène des moins de vingt ans — les jeunes gens des deux sexes atteignent à dix-huit ans leur majorité légale — , seront appelés à choisir entre l'actuel premier ministre et son adversaire conservateur, M. Heath.

May 19, 1970
Pierre Bertrand *LE FIGARO*

M. Heath a formé son gouvernement

LONDRES, *21 juin*

Alors que M. Harold Wilson méditait sur l'inconstance de la fortune, dans le silence des Chequers, la résidence de campagne des chefs de gouvernement britanniques, mise à sa disposition en attendant qu'il trouve logement à son goût à Londres, son adversaire victorieux, le premier ministre, M. Heath — expression à laquelle l'homme de la rue commence à s'habituer après sa surprise initiale — annonçait samedi la

88

composition de son cabinet. Celui-ci ne compte plus que 18 membres au lieu de 21 sous M. Wilson. L'âge moyen des ministres a été ramené de 54 à 51 ans.

Le nouveau premier ministre s'apprête à fonder son action intérieure et internationale sur quatre départements-clefs. À la tête du Home Office, où il succède à M. Callaghan, M. Reginald Maudling héritera des problèmes épineux que posent l'immigration, la défense de l'ordre public et la situation en Ulster. En lui confiant ce portefeuille, M. Edward Heath a voulu souligner que son cabinet n'a en réalité pas de place pour les « hommes de Neanderthal ». Plus ferme qu'il n'en donne l'impression à première vue, M. Maudling est, au contraire, l'un des représentants du « visage humain » du conservatisme britannique.

Au ministère de l'Emploi et de la Productivité, auquel incombera la dure tâche d'essayer de définir une nouvelle politique industrielle acceptable aux syndicats, M. Robert Carr, qui succède à Mme Barbara Castle, s'est fait la réputation d'un conservateur « libéral ». On peut donc prévoir, à coup sûr, qu'il n'essayera pas d'imposer des réformes impopulaires, mais qu'il s'emploiera, au contraire, à trouver un terrain d'entente entre la Fédération des industries britanniques et les masses travailleuses.

Au ministère des Finances, M. Macleod, qui succède à M. Jenkins, aura été préparé à la tâche qui l'attend par les fonctions qu'il exerçait déjà au sein du « cabinet fantôme » du nouveau premier ministre. D'aucuns estiment, cependant, que M. Maudling, en raison de sa vaste expérience, aurait été plus à l'aise pour représenter la Grande-Bretagne sur le plan international.

Ainsi qu'on s'y attendait, c'est sir Alec Douglas Home qui reprendra au Foreign Office la succession de M. Stewart. M. Heath s'était, comme on sait, engagé à essayer, une fois encore, de parvenir à un accord avec la Rhodésie de M. Smith. C'est donc, là, une des premières tâches qui incomberont, dans son nouveau poste, à l'ancien premier ministre conservateur. On prévoit, d'autre part, que le gouvernement de M. Heath mettra fin à l'embargo qui frappait, sous M. Wilson, les livraisons d'armes britanniques à l'Union sud-africaine.

June 22, 1970

Pierre Bertrand *LE FIGARO*

SUPPLEMENTARY MATERIAL

le scrutin (*poll*)
se rendre aux urnes (*to go to the polls*)
mettre son bulletin (*voting paper*) dans l'urne (*f.*) (*ballot-box*)
une circonscription 'marginale'
gagner un siège (*to win a seat*)
perdre son dépôt / son forfait
une lutte triangulaire (*three-cornered fight*)
le vote flottant
les sondages (*m.*) des journaux (*newspaper polls*)
Tout citoyen britannique âgé de plus de 18 ans — à l'exception de certaines personnes comme les aliénés (*certified mental patients*) et les membres de la Chambre des Lords — est habilité à voter.

Quelques slogans utilisés dans une campagne électorale
le plein emploi (*full employment*)
Il y avait en Grande-Bretagne, à la date des élections de 1970, 546.681 chômeurs (*unemployed*).
les prix stables
l'inflation sous la forme de la montée constante des prix
l'expansion économique
mettre en œuvre une politique réaliste des revenus et des prix (*prices and incomes policy*)
des pensions accrues pour les vieillards (*increased Old Age pensions*)
l'élargissement du système scolaire et universitaire pour aboutir à une société sans classes
la société de tolérance (*permissive society*)
Le parti socialiste donne-t-il l'impression qu'il est divisé entre un programme purement socialiste et un programme plus modéré?

la distribution équitable de la richesse

abolir la taxe sélective sur l'emploi (*selective employment tax*)

l'adhésion (*membership*) de la Grande-Bretagne à la communauté européenne et la possibilité de l'introduction de la T.V.A. (taxe sur la valeur ajoutée) (*added value tax*)

le problème du syndicalisme (*trade union movement*) et les grèves 'sauvages' ('*wildcat*' *strikes*) / les grèves du zèle (*working to rule*)

XX. INTERNATIONAL POLITICS

1. DIPLOMATIC ACTIVITY

Négociations soviéto-américaines

WASHINGTON, *25 mai*

En dépit de l'escalade américaine au Cambodge, en dépit de l'accélération de la pénétration soviétique dans le Proche-Orient, le grand dialogue des super-puissances se poursuit en toute sérénité à Vienne depuis maintenant six semaines. En dix séances plénières de travail — la dernière s'est tenue vendredi — les plénipotentiaires de Moscou et de Washington chargés des « conversations sur la limitation des armements stratégiques » — les « Salt » — ont d'ores et déjà déblayé suffisamment le terrain pour définir les limites d'un accord qui, s'ils parviennent dans les mois à venir à résoudre les difficultés techniques que présentent sa mise au point, placera les relations entre les États-Unis et l'Union soviétique sur une base tout à fait nouvelle et pourrait ainsi bouleverser complètement les données présentes de l'équilibre mondial.

Certes, rien n'est encore réglé et tant s'en faut. Mais un pas essentiel a été franchi. Russes et Américains ont abattu leurs jeux et, cartes sur tables, par voie d'élimination, ils sont parvenus à se convaincre réciproquement qu'un arrangement de très vaste portée est maintenant concevable entre eux.

May 26, 1970
Jacques Jacquet-Francillon *LE FIGARO*

La coopération franco-allemande

BONN, *28 janvier*

La rencontre entre M. Pompidou et M. Brandt ne laisse rien prévoir d'exceptionnel. Elle se situe à un moment où la France et l'Allemagne ont vis-à-vis de l'Amérique des conceptions plus proches que par le passé et où Bonn et Paris accordent un même intérêt à une politique de détente à l'égard de l'Union soviétique et de l'Europe orientale. Enfin, sur le plan européen, la querelle concernant l'adhésion anglaise au Marché commun qui a si longtemps opposé les deux gouvernements est maintenant enterrée.

La France et la République fédérale se sont efforcées dans les dernières années de travailler ensemble malgré leur discorde. Aujourd'hui qu'il n'y a plus de sujet réel de conflit entre les deux pays, la coopération franco-allemande s'apprête à vivoter dans un calme douillet. Cela n'a rien d'enthousiasmant, mais cette atmosphère que l'on veut dépourvue de heurts et de passion d'un côté comme de l'autre sera peut-être un jour propice à des lendemains fructueux.

Lorsque M. Scheel et M. Schumann se sont rencontrés le 16 janvier à Bonn, il est apparu que les deux ministres n'étaient pas d'accord sur les pouvoirs du Parlement européen. La République fédérale et ses partenaires de la Communauté estiment que l'Assemblée européenne devrait avoir le dernier mot à dire en matière de dépenses budgétaires à partir de 1975. La France s'y oppose, défendant le point de vue que ce dernier mot revient au Conseil des ministres du Marché commun. « Ne dramatisons pas, » dit-on à Bonn. « Nous avons cinq ans pour étudier cette affaire. Il est certainement possible de la régler. »

Le fait que le ministre de la Recherche scientifique allemand, M. Leussink, accompagne le chancelier montre que les questions de coopération industrielle et technologique ne manqueront pas de jouer un rôle au cours de cette rencontre. On est plein de compréhension ici pour l'impatience de la France d'accélérer un rapprochement plus étroit entre les industries des deux pays.

January 29, 1970
Henri de Kergolay *LE FIGARO*

La coopération franco-soviétique

Dans le toast qu'il a prononcé au cours du déjeuner offert à M. Gromyko, M. Pompidou a déclaré notamment que la tâche à accomplir en Europe consiste à effacer les divisions et régler les problèmes pendants.

« La recherche d'une solution passe pour la détente, par l'accroissement des échanges dans tous les domaines, par une meilleure compréhension entre les pays européens », a-t-il dit.

M. Pompidou a exprimé le souhait que les conversations soviéto-allemandes, actuellement en cours, réussissent et « s'inscrivent dans un processus général de détente qui permette d'effacer l'absurde division entre l'Est et l'Ouest ».

Le président de la République a déclaré également que la coopération franco-soviétique doit être « un élément essentiel de la stabilité et de la paix en Europe, et un facteur non négligeable de la paix dans le monde ». Il convient, a-t-il ajouté, de donner « un nouvel et bien nécessaire élan » à la coopération économique, scientifique et technique entre la France et l'U.R.S.S.

Il a conclu en affirmant que le gouvernement français demeure « fidèle à l'action entreprise par le général de Gaulle qui répond aux intérêts profonds et permanents de nos deux pays comme à l'évolution de notre continent et du monde depuis la fin de la Seconde Guerre mondiale ».

June 3, 1970

Supplementary Material

Les principaux sigles fréquemment employés dans le domaine de la politique internationale

l'O.N.U.: Organisation des Nations Unies

l'O.T.A.N. (ou N.A.T.O.): Organisation du Traité de l'Atlantique nord (créée 1949; 15 adhérents)

S.H.A.P.E.: l'organisme (*m.*) militaire de l'O.T.A.N.

l'U.E.O.: Union de l'Europe Occidentale (formée 1954) (7 membres: France, Italie, Allemagne, Belgique, Luxembourg, Pays-Bas, Grande-Bretagne)

le Conseil d'Europe (statut signé 1949): il y a 15 pays-membres, dont les ministres et parlementaires font des recommandations pour la simplification des tarifs douaniers (*customs tariffs*), la suppression des passeports, etc.

l'O.E.C.E.: Organisation européenne de coopération éco nomique (1948; 17 nations)

le Marché Commun de la Communauté Économique Euro-péenne: les 'Six': Allemagne, Belgique, France, Italie, Luxembourg, Pays-Bas.

O.T.A.S.E. (ou S.E.A.T.O.): Organisation du Traité de l'Asie du Sud-est.

Le Pacte d'Alliance militaire de Varsovie (*Warsaw Pact*): signé par l'U.R.S.S. avec ses satellites: Albanie, Bulgarie, Hongrie, Pologne, Roumanie, Tchécoslovaquie, Allemagne orientale.

Vocabulaire politique

les grandes puissances (*Big Powers*)
le rideau de fer (*Iron Curtain*)
la guerre froide
s'engager sur la voie du dégel (*thaw*)
les pourparlers diplomatiques (*diplomatic talks*)
resserrer les liens (*to strengthen ties*) entre les pays
réduire les conceptions erronées
une détente internationale (*relaxing of international tension*)
la consolidation de la paix
la coexistence pacifique
envisager l'avenir avec optimisme
poursuivre une politique (*policy*) agressive
avancer (*to further*) sa politique
mettre au point / préciser / définir sa politique
exercer une influence prépondérante sur les autres membres du pacte
accepter une proposition
accord avec garantie

Le désarmement et la paix mondiale

Un système de contrôle efficace est nécessaire.
créer une force internationale de police pour prévenir toute infraction au droit international
la course aux armements (*arms race*)

bannir / abolir la bombe H
faire exploser / éclater une bombe
un accord sur la suspension des essais thermo-nucléaires
Les nations préparent une guerre qu'elles ne veulent pas livrer
   et accumulent des armes qui ne sont pas destinées à servir.

L'accord culturel entre l'Union soviétique et l'Ouest
Un programme d'échanges culturels est envisagé:
   1. des échanges d'informations et de visites de spécialistes
      dans le domaine de l'utilisation de l'énergie atomique
   2. des échanges d'étudiants et d'enseignants (*teachers*)
   3. la coopération dans la lutte contre le cancer
   4. des visites de troupes théâtrales; des échanges de pro-
      grammes de télévision, de films, de livres

La menace de l'Extrême-Orient (Far East)
La Chine communiste devient de plus en plus menaçante.

2. THE WAR CONTINUES
L'Israël refuse un accord de paix temporaire
JÉRUSALEM, *22 juin*

   Le premier ministre d'Israël, Mme Golda Meir, a rejeté
aujourd'hui d'une façon nette et apparemment définitive, les
propositions récemment avancées par le président Nasser pour
une trêve d'armes sur le front égyptien en échange du retrait ou
d'une promesse de retrait israélienne de tous les territoires
occupés.
   Le Premier israélien a donc réaffirmé le fait bien connu qu'
Israël, selon lequel la trêve d'armes imposée par l'O.N.U. le
9 juin 1967 et déclarée caduque par Nasser l'année dernière, n'a
rien à voir avec la résolution de l'O.N.U. de novembre 1967
qui, elle, en revanche, lie le retrait des Israéliens des territoires
occupés à l'acceptation par les deux parties de frontières sûres
et agréées entre Arabes et Israéliens.

« Nous n'accepterons pas », a dit Mme Meir, « des alternatives temporaires à la place de solutions définitives, de la même façon que nous n'accepterons jamais des accords de paix temporaire à la place d'une paix définitive.»

Pour Mme Meir, qui s'adressait aux délégués du judaïsme conservateur américain, les propositions de Nasser n'ont d'autre but que de lui permettre d'obtenir une trêve d'armes afin de mieux préparer une offensive contre Israël.

Le discours de Mme Meir était aussi adressé à Washington. Le premier ministre d'Israël a réitéré sa demande pour obtenir des États-Unis de nouvelles armes dont son pays a besoin et a rappelé que les Russes avaient envoyé au Moyen-Orient depuis juin 1967 une contre-valeur de 3 milliards et demi de dollars en armements aux Arabes, dont deux tiers à l'Égypte.

June 23, 1970
René Bauduc *LE FIGARO*

3. The Atomic Dilemma

Les armes atomiques tactiques

L'amiral Mountbatten, depuis quelque temps à la retraite, vient d'écrire un article dans le « *Times* » de Londres proclamant qu'il avait toujours cru que les armes nucléaires tactiques étaient essentiellement dangereuses. Quand il était président des chefs d'état-major il n'avait cessé d'en demander la suppression. Le « *Times* », surenchérissant, reprend l'argument de l'amiral Mountbatten...

Sur le plan français, il importe de lever toute équivoque: si les armes atomiques sont « dangereuses » (elles le sont effectivement), elles ne le sont pas substantiellement plus que les armes nucléaires stratégiques. Or, l'amiral Mountbatten ne paraît pas réclamer la suppression de ces dernières, car il a sans doute admis que c'était la menace de ces armes stratégiques qui imposait la dissuasion.

Mais la dissuasion par les armes stratégiques n'est pas absolue, puisque l'énormité de la menace réciproque qui pèse sur les camps opposés peut faire hésiter à les employer, hésitation que pourrait escompter un adversaire « aventuriste ». Celui-ci pourrait alors entreprendre une invasion limitée en se flattant de ne pas faire déclencher la riposte stratégique adverse. Il importe donc de persuader cet adversaire éventuel que dans ce cas il se heurterait à une défense dotée d'armes atomiques tactiques, donc limitées au champ de bataille, défense qui d'ailleurs offrirait le risque de déclencher l'escalade au niveau stratégique. Ainsi se trouve complétée la dissuasion réalisée par les armes stratégiques.

D'ailleurs, le problème de la dissuasion est souvent mal compris — comme le montre l'amiral Mountbatten — parce qu'on ne réalise pas que c'est la crainte, donc le danger, qui produit la dissuasion. On reproche aux armes atomiques tactiques de constituer un moyen capable de déclencher l'escalade. C'est justement cette caractéristique qui fait des armes atomiques tactiques un argument majeur dans la stratégie de dissuasion, surtout à l'heure où les gigantesques forces nucléaires stratégiques des États-Unis et de l'U.R.S.S. tendent à se neutraliser mutuellement.

February 28, 1970
Général Beaufre *LE FIGARO*

XXI. COMMON MARKET

« Cette fois nous devons réussir! »

L'atmosphère de la rencontre historique qui marquait, ce matin, le début de la grande négociation qui doit aboutir à élargir l'Europe à un ensemble de quelque deux cent cinquante millions d'habitants, était assez proche de celle d'un conseil des ministres habituel de la Communauté.

Elle s'en distingua pourtant par une affluence insolite et par des visages nouveaux: ceux de sir Alec Douglas Home et de M. Barber, qui va mener la négociation pour les Anglais; ceux des ministres et des délégations des trois autres pays candidats. La langue anglaise faisait son entrée dans cette enceinte où jusqu'à présent n'étaient employés que le français, l'italien, l'allemand et le néerlandais. Seul le ministre danois a dit en français le début de son discours. Les Britanniques n'ont distribué leur texte qu'en anglais, ce qui est insolite ici...

Le discours le plus attendu était en tout état de cause celui de M. Barber, chancelier du duché de Lancaster, qui devait, au nom du nouveau gouvernement britannique, expliquer comment se posaient les problèmes pour le principal candidat.

Celui-ci, a-t-il dit, doit trouver son chemin entre les grands avantages de l'entrée dans l'Europe et la nécessité de faire face à des problèmes réels. Il ne sait pas si, en fin de compte, il sera possible d'aboutir à des termes mutuellement acceptables.

« Aucun d'entre nous,» déclara-t-il, « s'il est seul, ne peut atteindre ce qu'il désire pour son propre peuple en termes de sécurité physique et de progrès économique et social. Il faut intégrer les économies et le marché tout en tenant compte du point de vue des amis et alliés d'autres parties du globe et en offrant à tous les pays de l'Europe la possibilité de contribuer à ces progrès.»

M. Barber précisa que son pays acceptait le traité et les décisions qui en ont découlé. Il demanda une courte période de transition pour le charbon, l'acier et l'atome, une plus longue pour le Marché commun.

Comme problèmes essentiels à résoudre, il y a certains points de la politique agricole:

— la contribution britannique aux dépenses de la Communauté;

— les exportations de sucre du Commonwealth;

— les problèmes spéciaux de la Nouvelle-Zélande; les autres questions du Commonwealth.

Sur la question financière, il affirma:

« Sans un accord loyal et sain, le fardeau imposé à la Grande-Bretagne ne pourrait être supporté et aucun gouvernement ne pourrait envisager d'entrer dans la Communauté! »

« Inspirés par la bonne volonté et unis par tant de buts communs,» conclut-il, « cette fois, nous devons réussir! »

July 1, 1970
Jean Lecerf *LE FIGARO*

SUPPLEMENTARY MATERIAL

Le Marché commun (*les 'Six'*)

En 1952, six pays d'Europe Occidentale — l'Allemagne, la Belgique, la France, l'Italie, les Pays-Bas, le Luxembourg —, rassemblés en une communauté européenne, ont jeté les bases d'un vaste marché commun.

Le Marché commun, instrument de la prospérité de la communauté européenne, se fait par étapes (*f.*) (*is being achieved in stages*). Il est déjà réalisé, depuis 1953, pour le charbon, l'acier, le minerai de fer (*iron ore*) et la ferraille (*scrap-iron*); il l'est, depuis le 1er janvier 1959, pour les produits nucléaires; il le sera progressivement, dans un délai de 12 à 15 ans, pour l'ensemble des produits de la Communauté.

La Communauté européenne (ca. 1970)

superficie (*f.*) (*area*): 1.165.000 km² (*square kilometres*)

nombre d'habitants: 180 millions

les Exécutifs:

la Haute Autorité du charbon et de l'acier

la Commission exécutive du Marché commun

la Commission exécutive de l'Euratom

e Parlement:

142 représentants des peuples des États réunis dans la Communauté exercent des pouvoirs de délibération et de contrôle.

la Cour de Justice:

7 juges, nommés d'un commun accord par les gouvernements des pays membres, assurent le respect du droit dans l'interprétation et l'application du Traité. Les arrêts (*decrees*) de la Cour de Justice de la Communauté sont sans appel (*may not be appealed against*).

Dates-clés pour l'Europe Unie

1947: la naissance du plan Marshall d'aide américaine à l'Europe

1948: la création de l'O.E.C.E. (Organisation Européenne de Coopération économique) pour répartir (*share out*) les dons et les crédits américains du plan Marshall

1949: adoption du statut du Conseil de l'Europe

1951: signature, à Paris, du traité instituant la C.E.C.A. (Communauté Européenne du Charbon et de l'Acier)

1953: ouverture du Marché commun européen du charbon, du minerai de fer, de la ferraille et de l'acier

1957: signature, à Rome, des traités instituant la Communauté Économique Européenne (Marché commun) et la Communauté Européenne de l'Énergie Atomique

1958 entrée en vigueur des traités du Marché commun et de l'Euratom

1959: ouverture du Marché commun des produits nucléaires

1961 : traité d'association signé avec la Grèce
la Grande-Bretagne fait une demande d'intégration à la Communauté

1962 : début, après maintes difficultés, d'une politique agricole commune

1963 : en janvier les négociations avec la Grande-Bretagne sont brusquement rompues par le véto français
signature d'un traité d'association avec la Turquie
signature d'une convention d'association avec 18 pays indépendants africains

1964 : droits de douane à l'intérieur de la Communauté réduits à 60%. Par conséquent, le commerce entre les Six a augmenté de 130% en 5 années, et la Communauté est en voie de devenir un marché unique. Dans les mêmes 5 années, la production industrielle de la Communauté a augmenté de 41%, contre 19% en Grande-Bretagne et 35% aux États-Unis.

1967 : M. Wilson renouvelle la candidature britannique. Le 12 décembre, alors que menace la crise de la livre, la France refuse de rouvrir la négociation.

1969 : Départ du général de Gaulle. La France consent à reprendre le débat. Le 2 décembre, à la Haye (*The Hague*), la conférence des chefs d'État et de gouvernement fixe au 30 juin 1970 la date d'ouverture des négociations avec la Grande-Bretagne.

1970 : Réalisation, dans ses grandes lignes, d'une politique agricole commune
À Luxembourg la Grande-Bretagne, l'Irlande, la Norvège et le Danemark présentent leur candidature à la Communauté.

Les avantages du Marché commun

1. pour les producteurs :
   une concurrence assainie (*healthier competition*)
   réglementation des cartels
   mesures contre les prix artificiellement abaissés (*dumping*)
   politique commune des transports

2. pour les travailleurs :

le droit de circuler librement dans la communauté pour répondre à des offres effectives d'emploi
régime commun de sécurité sociale, de formation professionnelle (*professional training*)

3. pour les consommateurs (*consumers*) :

des produits à un prix avantageux
les droits de douane seront progressivement supprimés
la concurrence stimule les producteurs
la rationalisation de la production

Le relèvement accéléré du niveau de vie (*living standards*) est un des objectifs majeurs de la Communauté.

Les 'Sept'

En 1959, sept pays — la Norvège, la Suède, le Danemark, le Portugal, l'Autriche, la Suisse et la Grande-Bretagne — ont paraphé (*initialled*) un traité de 'Petite zone de libre-échange.'

La Grande-Bretagne entrera-t-elle un jour dans le Marché commun?

Oui ou non, la Grande-Bretagne va-t-elle forcer la muraille qui, depuis douze ans, la sépare de l'Europe unie?

Les nouveaux candidats doivent, pour entrer dans le Marché commun, accepter le traité de Rome. Mais une période de transition est prévue.

Le problème de la contribution britannique au financement de la politique agricole sera très âprement (*keenly*) discuté; le problème néo-zélandais, et notamment celui du beurre, est sérieux, car ce pays vit très largement de ses exportations agricoles vers le Royaume-Uni.

Les agriculteurs britanniques sont inquiets, redoutant que leur pays ne devienne le 'terrain de dumping' des excédents (*surpluses*) agricoles français et néerlandais.

La ménagère redoute une augmentation du prix des produits alimentaires (*foodstuffs*).

L'Union européenne: un rêve?

vers l'Europe sans barrières / frontières

l'union douanière (*customs union*)

la libre circulation des personnes et des marchandises

une politique agricole, économique, industrielle, douanière, commune

équilibrer les diverses régions économiques

une monnaie commune (*common currency*)?

une langue commune?

"Une Europe divisée est une Europe faible."

XXII. SCIENCE FACT

The Conquest of Space

Course à la Lune — les débuts

Moscou, *4 octobre*. (*De notre envoyé spécial permanent.*)

Les messagers soviétiques dans l'espace interplanétaire se suivent à une cadence rapide et ne se ressemblent pas. Ce matin, deux ans jour pour jour après le lancement du premier Spoutnik, a été annoncée la naissance d'un nouveau satellite artificiel. On hésite à le baptiser Spoutnik ou Lunik, car son orbite passera aussi bien autour de la Terre qu'autour de la Lune. Le communiqué officiel parle de la « troisième fusée cosmique ». Tenons-nous-en à cette appellation.

Cette fusée à plusieurs étages (le nombre de ces étages n'est toujours pas précisé) a emporté ce matin dans l'espace la première station interplanétaire de l'histoire de la conquête du cosmos. Il s'agit d'une capsule d'un poids de 278,5 kilos contenant un appareillage d'observation radio-technique, un système de réglage automatique du régime thermique, autrement dit de la température à l'intérieur de la capsule, ainsi que des batteries solaires et chimiques qui constituent les sources d'énergie de l'engin.

Au planétarium de Moscou la chasse aux détails battait son plein. Nous avons pu apprendre seulement que le « laboratoire volant » peut être classé plutôt dans la catégorie des Spoutnik, puisqu'il est un satellite de la terre. Son orbite atteindra son apogée demain, à quelque 400.000 kilomètres de la terre. La capsule reviendra ensuite en suivant une courbe elliptique vers notre vieille planète, autour de laquelle elle passera mardi.

October 5, 1959

Vol de routine vers la Lune

Une manœuvre de correction de trajectoire, une émission de télévision en direct depuis le cosmos, tels ont été les seuls faits marquants de la journée de lundi pour l'équipage d' « Apollo XIII » en route vers la Lune.

Journée extrêmement calme donc, journée de repos, comme le sera celle de mardi nécessaire pour préparer les astronautes à affronter les tâches qui les attendent mercredi, jeudi et vendredi, quand ils devront s'inscrire sur orbite lunaire, descendre à la surface, évoluer parmi les collines de la région du cratère Fra Mauro puis regagner l'orbite lunaire avant de remettre le cap vers la Terre, qu'ils atteindront le 21 avril...

Les techniciens de Houston ont pu voir sur leurs écrans un crayon attaché par une ficelle dans la capsule et, flottant, faire un brusque mouvement.

À peu près au même moment, les astronautes ont aussi braqué leur caméra vers la Lune, qui paraissait comme un croissant pâle sur le noir de l'espace. Ils ont ensuite provoqué une tempête de neige autour de leur cabine en vidangeant l'eau usée des accumulateurs. L'eau s'est transformée immédiatement en cristaux de glace dans le froid spatial.

April 14, 1970

Cela vaut-il la peine ?

Cela vaut-il la peine d'exposer des vies humaines ? De dépenser tant d'argent ? La course aux étoiles est-elle dictée par la volonté de surpasser en tout l'Union Soviétique ? Est-ce l'indice d'une idée démesurée de grandeur ? Est-ce un instrument de diversion pour faire oublier, au pays même et à l'étranger, les tares du système social et économique des États-Unis ? Devrions-nous dire que c'est assez ? Nous avons atteint la Lune. Ne pouvons-nous pas nous satisfaire de savoir que c'était réalisable ? Et s'il est vraiment nécessaire de poursuivre l'exploration spatiale, pourquoi pas en laisser le soin à des instruments perfectionnés qui peuvent faire aussi bien

que l'homme, à moindres frais, sans risquer des vies humaines ?
Au lieu de faire servir des cerveaux, des énergies à traverser
des millions de kilomètres dans l'espace, ne serait-il pas pré-
férable de les employer à combler le fossé entre blancs et
noirs, riches et pauvres, vieux et jeunes ?

Tout cela étant dit, le programme spatial ne s'arrêtera pas,
l'affaire est trop engagée, on a dépassé le point de « non
retour »: on se trouve maintenant devant un phénomène
irréversible. Du côté « pour », on a des arguments solides, les
sommes dépensées sont considérables, mais elles ont permis
d'accomplir bien autre chose que quelques pas sur la Lune.
En un laps de temps extrêmement court — douze ans —
l'entreprise spatiale américaine a créé une nouvelle technologie,
a apporté une mine de connaissances qui, bien comprises,
peuvent améliorer la vie sur terre: dans le domaine des fusées et
de l'aéronautique — engins géants aussi bien que pièces
miniaturisées — dans les sources d'énergie, l'informatique, la
télémétrie. Elle a fourni de précieux renseignements, non
seulement sur l'espace et les corps célestes, mais aussi sur
l'environnement terrestre. Elle est à l'origine d'un réseau de
télécommunications capable de s'étendre à tout le globe;
elle a fait progresser la météorologie, la navigation, la photographie, la recherche médicale. Son impact est immense en
ce qui concerne la recherche fondamentale, la science de
l'organisation, la géophysique, l'astronomie.

                                        April 20, 1970
                               Anne Thinesse *LE FIGARO*

Supplementary Material

L'examen au radar d'une partie du dernier étage (*stage*) de la
    fusée (*rocket*) qui servit, le 25 avril 1970, au lancement du
    premier satellite chinois, indique que les savants (*scientists*)
    chinois sont en mesure de lancer des missiles balistiques
    intercontinentaux.
Les deux cosmonautes du vaisseau spatial soviétique
    Soyouz 9, lancé sur orbite terrestre le 1er juin 1970, ont

effectué un vol record de près de 18 jours. Buts de leur
mission :

> exploration photographique et spectométrique de la
> surface de la Terre
>
> études du comportement (*behaviour*) de l'organisme
> humain au cours d'un séjour prolongé dans l'espace
>
> perfectionnement des systèmes de guidages manuel et
> automatique.

Au début de 1973 les États-Unis espèrent lancer sur orbite
terrestre circulaire au moyen d'une fusée Saturne V une
plate-forme spatiale à laquelle ils ont donné le nom de
« Skylab ». C'est le premier projet de tout un programme
d'installations de laboratoires de l'espace, où des équipes
d'hommes travailleront pendant des mois.

La fusée Europa 1, lancée de la base australienne de Woomera
en juin 1970, n'a pas réussi à placer en orbite le satellite
qu'elle emportait. C'est un nouvel échec (*failure*) qui
s'ajoute à une longue liste d'expériences avortées.

Le rôle des satellites (m.)

1. étudier le milieu étrange dans lequel ils se déplacent
2. recueillir des renseignements (*information*) cachés par
   l'atmosphère terrestre
3. étudier les champs magnétiques de la Terre / le flot (*stream*)
   de particules chargées émises par le soleil / les rayons
   cosmiques
4. étudier la météorologie. Pourra-t-on un jour contrôler le
   temps ?
5. établir les origines de la Terre, de la Lune et de tout le
   système solaire
6. apporter une solution au problème des communications par
   ondes courtes radio et télévision, dont la portée (*range*)
   est bornée (*limited*) par la courbure de la Terre.
   l'étude des variations de l'ionosphère (*f.*)
7. Quelles seront un jour les applications militaires des
   satellites ?

établir une station / une plate-forme spatiale qui servirait de
    point de départ (*spring-board*) à des activités supplé-
    mentaires
une fusée à plusieurs étages (*m.*) (*multi-stage rocket*)
une rampe de lancement pour projectiles / engins balistiques
    de portée intermédiaire (*launching-site for medium-range
    missiles*)

Course à la Lune — les dernières étapes

Étapes franchies (stages covered)

Avril 1961:	Y. Gargarine est lancé dans l'espace et fait une orbite de la Terre.
Mai 1961:	Voyage sub-orbital d'A. Shepard
Février 1962:	J. Glenn fait trois orbites dans l'espace.
Juin 1963:	Du 14 au 19, V. Bykovsky dans l'espace — 82 orbites
Juillet 1964:	Premier gros plan photo de la Lune par Ranger VII
Octobre 1964:	Trois Russes dans l'espace
Mars 1965:	Sortie d'A.Léonov dans l'espace.
Juin 1965:	Sortie de E. White dans l'espace. Rendez-vous manqué avec le dernier étage de la fusée
Août 1965:	Cooper et Conrad, à bord du Gemini V, effectuent le vol orbital le plus long — 5.343.000 kms. parcourus en 191 heures. L'homme est donc capable de supporter un voyage Terre-Lune et retour.
Décembre 1965:	Rendez-vous spatial effectué entre les deux satellites à équipage Gemini VI et VII
Février 1966:	Une station automatique russe, Luna IX, réussit un 'atterrissage' en douceur (*soft landing*) sur la surface de la Lune, d'où elle envoie des photos du paysage lunaire.
Décembre 1968:	Premier vol humain sur une orbite lunaire (Apollo VIII)

Juillet 1969 :   Premiers hommes sur la Lune — Neil Armstrong et son collègue 'Buzz' Aldrin ont effectué un séjour de plus de 21 heures sur la surface lunaire, pendant que Michael Collins faisait l'orbite de la Lune dans la cabine-mère (Apollo XI)

Novembre 1969 :   Deuxième 'promenade' sur la Lune, effectuée par Charles Conrad et Alan Bean (Apollo XII)

Avril 1970 :   Échec de la mission d'Apollo XIII par suite de l'explosion d'un réservoir d'oxygène sur son trajet Terre-Lune. Mais une catastrophe en puissance (*potential*) a été transformée en un des sauvetages (*rescues*) les plus dramatiques de tous les temps.

Prochaines étapes de l'exploration spatiale

Il demeure encore six vols Apollo inscrits au programme après Apollo XIII: le dernier vol Apollo aura lieu en 1974 avec un séjour de trois jours sur la Lune et exploration de la planète avec véhicule.

À quand un vol habité (*munned flight*) vers Mars?

Un 'grand Tour' est prévu pour 1979; cette année-là cinq planètes se trouveront alignées: Jupiter, Saturne, Uranus, Neptune et Pluton. La N.A.S.A. voudrait bien organiser une expédition avec un engin automatique, bien entendu non habité (*unmanned*). La promenade durerait en effet onze ans...

XXIII. Problems of the Atomic Age

La 'poubelle' des déchets radioactifs

Monaco, *17 novembre.* (*De notre envoyé spécial.*)

Toute industrie a ses déchets, ses cendres, ses fumées, ses eaux « effluentes ». Comment elle s'en débarrasse, cela ne pose pas de gros problèmes. Mais, quand il s'agit d'industrie atomique, leur élimination représente une affaire d'État. Et même une affaire de tous les États du monde.

Voilà pourquoi toutes les nations participent à la vaste Conférence réunie à Monaco pour étudier l'élimination des déchets radioactifs, conférence qui s'est ouverte hier sous la présidence du prince Rainier. Elles ont répondu à la double invitation de l'Agence internationale de l'Énergie atomique et de l'U.N.E.S.C.O.

Ce n'est point par hasard que Monaco a été choisi ni, à Monaco, le Musée Océanographique, pour théâtre de cette docte assemblée. En effet, la mer est la « poubelle » dans laquelle les hommes inclinent à déverser leurs déchets empoisonnés. Les océanographes ont donc la parole pour étudier les précautions qui doivent être prises, si l'on ne veut pas que le danger, rejeté par les continents, ne leur revienne par les océans. Aussi, pour cette collaboration inattendue des atomistes et des océanographes, ce palais, centre mondial des études marines, était-il tout désigné. C'est là que vont être jetées les bases d'une réglementation mondiale sur l'élimination des déchets radioactifs.

November 18, 1959

Monaco, *22 novembre*

Ici, les solutions françaises apportées dans l'ultime séance par MM. Duhamel, Le Morvan et Pomarola, du C.E.A., prennent toute leur valeur. Ce sont des solutions pratiques, de bon sens.

111

Elles partent du fait que le transport des déchets est bien trop coûteux, qu'il faut leur faire un sort sur place. D'où l'idée de créer un sol « sur mesure », d'homogénéiser et de « compacter » le sol où les fûts seront enterrés. D'où le projet aussi d'élever des pyramides de fûts à la surface du sol, sur un terrain préparé, bétonné; des pyramides hexagonales de 18 mètres de côté et d'une douzaine de mètres de haut seraient couvertes par une légère toiture pour les protéger de la pluie.

Ces solutions rejoignent le principe russe souvent répété à Monaco: Gardons les déchets atomiques sous notre contrôle; ne les confions pas aux hasards des fleuves ou des mers. Et, de plus, elles ménagent l'avenir; elles prévoient le temps qui viendra certainement où l'on considérera que les substances radioactives seront fort précieuses pour l'industrie, et où l'on voudra récupérer ce qui aura été rejeté.

November 23, 1959

SUPPLEMENTARY MATERIAL

Les dangers de la radioactivité

Il est impossible de refréner (*curb, restrain*) / maîtriser les rayons radioactifs qui viennent du sein même (*from the very core*) des atomes (*m.*). Devant ce fait se pose le problème: que faire des déchets (*waste products*) / effluents qui s'accumulent dans les laboratoires et les usines?

Comment se débarrasser (*get rid*) des centaines de milliers de tonnes de déchets radioactifs que les centrales (*power-houses*) rejetteront chaque année, dès que les programmes de production d'énergie atomique seront vraiment lancés (*under way*)?

Impossible de les brûler, de les détruire, de les noyer, de les neutraliser.

En voici quelques solutions préconisées (*recommended*):

   1. faire conserver par chaque centre ses propres déchets en blocs de ciment ou en fûts (*casks, drums*) métalliques.

2. jeter les fûts radioactifs sur la calotte polaire (*polar cap*) du Groenland, où la glace est épaisse de plusieurs mètres.

3. rejeter les déchets à la mer — solution qui comporte des dangers évidents (à rappeler l'accident du 'Dragon Porte-bonheur', au cours duquel des pêcheurs japonais furent contaminés à la suite d'une explosion nucléaire).

Les effets des rayonnements radioactifs

Les risques de détruire l'équilibre (*m.*) de la nature sont grands, et après on ne sait jamais s'il sera possible de revenir en arrière.

Les dangers des retombées radioactives (*radioactive 'fall-out'*), conséquences des explosions atomiques dans différentes régions du globe. On a constaté les effets de cette radio-activité dans l'air, le sol, les plantes, les animaux, le squelette humain, même les poissons de mer.

les doses (*f.*) de strontium. Il faut 28 ans au strontium 90 pour perdre la moitié de sa radioactivité!

les répercussions sur les générations futures par suite de mutations des gènes héréditaires

les anomalies congénitales

Absorbé en quantité, le strontium peut provoquer le cancer des os et la leucémie (*leukaemia*).

Mais il est à signaler que depuis ses origines la race humaine est soumise (*exposed*) à des radiations naturelles; nos os contiennent du radium radioactif, et nos tissus se composent en grande partie de carbone (*m.*), dont certains isotopes sont radioactifs. De plus, l'individu moyen subit chaque année, lors des examens radiologiques (*X-ray examinations*) médicaux et dentaires, un rayonnement bien supérieur à celui qui résulte des tombées radioactives.

Les applications des découvertes atomiques

Des réacteurs atomiques ont commencé à produire de l'électricité domestique et industrielle.

Quand le jour viendra-t-il où nous pourrons produire de l'électricité à partir de (*from*) l'énergie atomique avec un rendement (*yield*) permettant de concurrencer (*compete with*) la production à partir du charbon et de l'énergie hydraulique? A quand la voiture, la cuisine, l'avion atomique?

XXIV. TOWARDS THE FUTURE

Perspectives pour l'an 2000

L'Institut national de la Statistique vient de publier les « projections » démographiques qu'il a établies dans le cadre de la préparation du VI⁰ Plan. Elles couvrent la période de 1968–2000 pour la population totale et s'arrêtent en 1985 pour la population active et scolaire. Les spécialistes de l'I.N.S.E.E. insistent sur le terme « projection », qui ne doit pas être confondu avec celui de « prévision »: il ne s'agit, en effet, « que d'un calcul où l'on fait vieillir une population en fonction des observations enregistrées dans le passé ». Ces données peuvent donc être infléchies, dans l'avenir, en fonction d'événements non prévus, tels qu'une politique de logement et d'allocations familiales susceptible de promouvoir la natalité française.

Car, en ce domaine, les « projections » ne sont guère optimistes: malgré une augmentation assez importante du nombre des mariages (qui doit passer de 360.000 par an actuellement à 410.000 vers 1975 et à 450.000 environ aux approches de l'an 2000), le nombre des naissances sera à peine supérieur à celui enregistré dans les années de pointe d'après-guerre: soit 890.000 au lieu de 870.000 (maximum qui fut atteint vers 1947).

Aussi la place de notre population globale dans le monde va en se rétrécissant. D'ici à l'an 2000, le nombre des habitants de la France passera de 50 millions à quelque 63 millions dans la meilleure hypothèse, ou à 59 millions selon la « projection » faible.

On compte aujourd'hui un Français pour 70 habitants de la Terre; cette proportion était de un pour 35 voici cent ans; en l'an 2000, alors que la population du globe aura atteint 6 milliards de personnes, notre pays ne représentera plus qu'un habitant sur cent.

Au problème de la baisse relative de notre natalité s'ajoute, pour les années à venir ceux, simultanés, du vieillissement de notre population et de l'allongement de la scolarité qui vont, chacun à une extrémité de la pyramide des âges, amenuiser le pourcentage de notre population active. De 12,6% en 1970, la proportion de personnes en plus de 65 ans passera à 14% en l'an 2000; à cette date, l'espérance de vie des femmes à leur naissance atteindra 80 ans contre 75 ans d'aujourd'hui (elle était de 47 ans vers 1900). L'espérance de vie des hommes atteindra 73 ans au lieu de 68 en 1970...

Au total, moins de 40 personnes vont, à partir de cette année, supporter la charge de soixante autres, ce qui représente pour chaque actif le « poids » moyen de 1,5 personne inactive.

La même proportion est prévue pour les trente années à venir.

Cette étude prospective de l'I.N.S.E.E. pose ainsi des problèmes graves, urgents qui mettent en jeu à la fois nos structures et notre bien-être. Répétons que ce ne sont là que des prévisions qui peuvent être démenties dans tel ou tel aspect, tandis que leur orientation générale demeure correcte. Ce qui doit permettre, dès aujourd'hui, de préparer les solutions nécessaires.

January 30, 1970
Rosemonde Pujol *LE FIGARO*

FRENCH–ENGLISH VOCABULARY

abattre, to slaughter, to fell; **abattre son jeu,** to put one's cards on the table

aborder, to approach, to tackle (a question)

aboutir (à), to lead (to), to result (in), to arrive (at)

acheminer, to transport, to ship

actuel, current, present-day

l'**acuité** (*f.*), acuteness

l'**adepte** (*m. and f.*), follower

l'**adhésion** (*f.*) **(à),** membership (of)

l'**aéronef** (*m.*), aircraft

s'**affirmer,** to prove oneself

l'**affluence** (*f.*), here: crowd

l'**afflux** (*m.*), influx

affronter, to tackle

s'**aliéner (de),** to alienate oneself (from), to avoid

l'**alignement** (*m.*), alignment; **se mettre à l'alignement,** to fall into line

aligner, to draw up, to line up

l'**ambiance** (*f.*), atmosphere

aménager, to set up, to allocate

amenuiser, to make thinner, to pare down

l'**ampleur** (*f.*), breadth, extent

l'**apogée** (*m.*), apogee, furthest limit (of a trajectory)

l'**appareillage** (*m.*), equipment

l'**âpreté** (*f.*), (competitive) keenness

l'**arbitre** (*m.*), referee, umpire

l'**archevêque** (*m.*), archbishop

l'**archipel** (*m.*), archipelago

l'**arrêté** (*m.*), order, decree

l'**assise** (*f.*), foundation, basic principle

l'**aube** (*f.*), dawn, daybreak

autant: pour autant, for all that

aventuriste, prone to take rash chances

l'**aveuglement** (*m.*), blindness

le **bac (calauréat),** French form of G.C.E. examination

la **banlieue,** suburbs

le **bâtiment,** building; ship, vessel

battre son plein, to be in full swing

le **bétail,** cattle, livestock; le **gros bétail,** cattle

bétonner, to concrete

le **bien-fondé,** cogency, justice

les **biens communs,** property held in common

le **bilan,** balance-sheet, toll (of accidents, etc.)

le **bistro(t),** public-house

le **blouson noir,** teenage hooligan (so called because of the continental fashion of black jerkins current in the 1960's)

117

la **boucherie**, butchery, slaughter

bouleverser, to upset, to turn topsy-turvy

les **bovins** (*m. plur.*), bovines, cattle

braquer, to aim

la **brièveté**, brevity, shortness

le **but**, goal, aim; **marquer un but**, to score a goal; **un but en soi**, an aim in itself

la **cachette**, hiding-place; **en cachette**, in secret

le **cadrage**, composition, frame (here: of T.V. picture)

le **cadre**, body of picked men; **les cadres**, trained personnel, managerial staff; **dans le cadre de**, within the framework of

caduc (*f.* **caduque**), null and void

le **calcul**, calculation, computation; **des calculs sommaires**, rough-and-ready calculations

le **Cambodge**, Cambodia

la **caméra**, ciné-camera, T.V. camera

cantonner, to bound, to confine

le **caoutchouc**, rubber

le **cap**, head (of ship or aircraft); **mettre le cap vers**, to steer towards

capital, fundamental, vital

la **carrosserie**, body-work (of car, etc.)

la **cause**, cause; **la mise en cause**, questioning, critical evaluation

le **C.E.A.** = **Commissariat à l' Énergie Atomique français**

la **chaîne**, chain, conveyor belt; **production à la chaîne**, mass production

chaleureux, warm, hearty

le **chef d'état-major**, chief of staff

le **chiffre**, figure, number

la **chirurgie**, surgery

le **chirurgien**, surgeon

le **clochard**, tramp

le **Code civil**, (manual of) French civil law

la **cogestion**, joint management

comblé, highly gratified

combler, to fill in, to bridge (gap, etc.)

se **compléter**, to complement one another

le **comportement**, behaviour, way of acting

se **comporter**, to behave

composer, to sit an examination

le **concessionnaire**, accredited agent

la **concurrence**, (*comm.*) competition

le **conjoint**, marriage partner

la **consigne**, directive

la **contravention**, breach of regulations, minor offence; **relever une contravention**, to point out an offence

la **contre-valeur**, (*Finance*), exchange value

le **contrôle**, inspection, verification; **le contrôle irrécusable de la mort**, incontestible proof of death

convier, to invite

la **couche**, layer; (social) class

la **courbe**, curve, graph

la **croix gammée**, swastika

la **cylindrée**, cylinder capacity

le **débat**, debate, clash

déblayer, to clear (ground, etc.)

débuter, to begin

le **décès**, (case of) death

les **déchets** (*m. plur.*), waste products; **les déchets gazeux ou pulvérulents**, waste products in the form of gases or dust

déclencher (une campagne), to start off (a campaign); **déclencher une offensive**, to launch an offensive

le **décollage**, (*Aviation*), take-off

découler (de), to proceed (from), to follow (from)

le **décret**, decree, law

défaillant, faulty

le **défaut**, fault, defect; **être en défaut**, to be baffled

défavorisé, at a disadvantage

démentir, to deny, to contradict

démériter, to break faith, to act badly

démesuré, inordinate

la **démission**, resignation; shelving of responsibility

démographique, concerned with population (statistics)

démuni (de), unprovided (with), lacking

dénombrer, to count, to note

le **dénuement**, destitution, penury

déposer, here: to take out (an engine)

dépourvu (de), devoid (of)

la **dérogation**, exception, dispensation

désembouteiller les routes, to relieve road congestion

désormais, henceforward

désœuvré, unoccupied, at a loose end

la **détente**, relaxation; easing (of political situation)

le **deuil**, mourning

le **deux-roues**, two-wheeled vehicle

en **différé**, (*Radio, T.V.*), (pre-) recorded

le **diplômé**, graduate

en **direct**, live (of T.V., etc., transmission); **l'équipe** (*f.*) **de direct**, live (T.V., etc.) production team

la **dissuasion**, deterrent effect; **la dissuasion par les armes stratégiques**, the use of strategic weapons as a deterrent

le **domaine**, domain; **dans le domaine de**, in the field of

à **domicile** (*m.*), at home

les **données** (*f. plur.*), data, facts

doté (de), endowed (with), equipped (with)

douillet, soft, downy; **dans un calme douillet**, in cosy tranquillity

la **dramatique**, (T.V.) play

se **durcir**, to become hard

ébranler, to shake, to unsettle; **se laisser ébranler**, to let oneself be moved, impressed

l'**échec** (*m.*), set-back, failure

l'**échelle** (*f.*), ladder, scale

l'**échelon** (*m.*), rung, stage; **à l'échelon national**, at national level

l'**écran** (*m.*) (*T.V.*, *cinema*), screen

l'**écrasement** (*m.*), crushing, squashing

effluent, effluent; **des eaux effluentes**, liquid waste discharge

l'**égalité** (*f.*) **des chances**, equality of opportunity

l'**égorgement** (*m.*), slaughter by cutting the throat

l'**émoi** (*m.*), emotion, agitation

l'**enceinte** (*f.*), enclosure; **dans cette enceinte**, within these walls

encombré, overcrowded, congested

englober, to include, to embody, to involve

engorger, to choke up, to jam, to block

l'**enquête** (*f.*), enquiry

l'**enregistrement** (*m.*), recording, transcription

l'**entente** (*f.*), understanding, agreement; **terrain d'entente**, common ground of agreement

l'**entraîneur** (*m.*), trainer

l'**entrée en vigueur** (*f*), coming into force

l'**entretien** (*m.*), upkeep, maintenance

l'**envergure** (*f.*), wing span

l'**environnement** (*m.*), environment; here: environmental planning

envisager, to contemplate, to face the possibility of

épineux, thorny (also *fig.*)

l'**ère** (*f.*), era, epoch

l'**escalade** (*f.*), escalation

escompter, to anticipate, to bank on

l'**étalement** (*m.*), staggering

l'**état** (*m.*), state; **en tout état de cause**, whatever the circumstances, in any case

l'**étourdissement** (*m.*), stunning

évoluer, here: to move, to advance

l'**exemplaire** (*m.*), copy (of book, etc.); here: examination question paper

l'**exemplarité** (*f.*), capacity to act as a warning; **la valeur d'exemplarité**, deterrent effect

l'**exigence** (*f.*), demand, requirement, standard

l'**expérience** (*f.*), experiment

le **fantôme**, phantom, ghost; le **cabinet fantôme**, shadow cabinet

le **fardeau**, burden

la **formation**, training

le **fossé**, ditch, gap

le **fournisseur**, caterer, trades-man

les **frais** (*m. plur.*), expenses, cost

le **fût**, cask, drum

le **gaspillage**, waste, squand-ering

la **gestion**, management, ad-ministration

la **greffe**, graft, transplant

grossir, to enlarge, to in-crease

guetter, to lie in wait for

le **heurt**, shock, blow

se **heurter** (**à**), to come up (against), to run (into)

hors (**de**) **saison**, out of season

l'**image-croquis** (*f.*), (*T.V.*), still picture (from a slow-motion replay)

inadapté, maladjusted

incliner à, to tend to

incomber (**à**), to devolve (upon), to fall (to)

l'**inconscience** (*f.*), heedless-ness

l'**indice** (*m.*), sign, token

infléchir, to bend, to deviate

l'**informatique** (*f.*), data pro-cessing; here: the science of computerized informa-tion

l'**infraction** (*f.*), offence, breach of the law

infra-humain, sub-human

l'**infrastructure** (*f.*), ground installations

I.N.S.E.E. = **Institut national de la Statistique et des Études économiques**

l'**insertion** (*f.*), insertion, fit-ting-in; l'**insertion des diplômés**, provision of suitable openings for graduates

insolite, unusual, unwonted

l'**instance** (*f.*), (*Law*) process, suit; le **tribunal de grande instance** = County court

l'**internat** (*m.*), (system of) boarding-in

jadis, formerly

le **jeu**, game; stake; **mettre en jeu**, to call into play; here: to put at risk; **abattre son jeu**, to put one's cards on the table

le **jour**, day, daylight; **au grand jour**, in broad daylight

le **lancement**, launching

la **lecture**, reading

lever, to raise; to remove; **lever toute équivoque**, to remove any misunder-standing

le **lien**, tie, bond

lier (**à**), to bind (to), to link (with)

la **ligne**, line; **avion de ligne**, airline plane; **dans les grandes lignes**, in broad outline

la **livraison**, delivery

la **longévité**, length of life

le **malaise**, sickness, malaise

le **manque**, lack, shortage; here: 'withdrawal'

le **mastodonte**, mastodon; (*fig.*) mammoth, monster

ménager, to take care of (by husbanding resources)

mener, to lead; **mener à bien**, to bring to a successful conclusion

le **merlin**, cleaver, pole-axe

la **mésentente**, disagreement

la **mesure**, measure; **faire sur mesure**, to make to measure

le **milliard**, milliard, one thousand million; *U.S.*, billion

la **mise au point**, perfection; drafting into shape (for discussion)

moelleux, soft, velvety

mollir, to become soft

(en) **moyen(ne)**, (on the) average

la **mutation**, (profound) change

la **natalité**, birthrate

le **niveau**, level, standard; **le niveau de vie**, standard of living

O.C.D.E. = **Organisation de Coopération et de Développement** **économiques** (22 member countries)

œcuménique, oecumenical

l'**ordinateur** (*m.*), computer

d'ores et déjà, here and now

en outre, besides, moreover

la **parcelle**, fragment, plot; **la parcelle privilégiée**, the small privileged portion (of the world's population)

parcourir, to cover (a distance)

le **parti**, party; decision; **prendre un parti**, to make up one's mind

passer en revue, to review

le **patrimoine**, heritage

pendant, pending, undecided

périmé, outmoded

la **piqûre**, injection

la **piste**, track, runway; stretch of pavement set aside for parking

le **plan**, plane (of picture); **le gros plan**, close-up; **le plan rapproché**, 'zoom' shot

le **plénière**, full, plenary; **en séance plénière**, in plenary session

le **point**, point; **mettre au point**, to perfect; **faire le point**, to take bearings, to outline precisely

la **pointe**, point; **les années de pointe**, peak years

le **polisson**, depraved rascal

la **portée**, span, range; effect, scope

la **poubelle**, dustbin

préalable, preliminary, prior

le **prévenu,** prisoner, accused

la **proie,** prey; **en proie à,** suffering from, a victim of

la **projection,** (*Maths.*) projection

prolixe, talkative

promouvoir, to promote, to encourage

le **pronostic,** prognostication, forecast

propice (à), favourable (to)

la **prouesse,** prowess, valour; **faire des prouesses,** to perform feats of valour

le **psychiatre,** psychiatrist

psychopédagogique, pertaining to the psychology of education

la **puissance,** power; **voiture de faible puissance,** low-powered car

le **rapporteur,** chairman (of committee introducing parliamentary bill)

le **réalisateur,** (*Cin.*, *T.V.*, *Radio*) producer

rebrousser chemin, to retrace one's steps

recenser, to ascertain by enquiry, to estimate

réclamer, to demand, to call for

la **référence,** here: transference, transposition (from one medium to another)

le **régime,** system; **le régime matrimonial,** system of marriage contract

régresser, to decline, to fall off

la **relève,** relief (of troops, etc.); **prendre la relève (de),** to take over (from)

relever, to pick up; **relever un bilan,** to take in details for a balance sheet

la **rentrée scolaire, la rentrée des classes,** re-opening of schools after the summer holidays

répartir, to share out, to distribute

la **répartition,** sharing-out

repétrir, to remould, to refashion

le **reportage,** topical feature; **le reportage en direct,** (*T.V.*) 'live' feature programme

les **représailles** (*f. plur.*), reprisals

le **réseau,** network

ressentir, to feel

resserrer, to restrict

retentissant, resounding; here: arousing wide interest

la **retombée,** 'fall-out' (of smoke, etc.)

le **retrait,** withdrawal

la **retraite,** retirement

se rétrécir, to contract, to shrink

réunir, to (re)unite; to raise (funds, etc.)

la **revanche,** revenge; **prendre sa revanche,** to get even

revenir (à), to fall (to) by right

revoir, to see again; to revise, re-examine

la **rigueur**, rigour; **à la rigueur**, if need be, at a pinch

la **riposte**, retort, counterstroke

rotatif, rotary; **le moteur à piston rotatif**, rotary-piston engine, 'Wankel' engine

saigner à blanc, to bleed white

la **salle**, hall, auditorium; here: theatre

la **sanction**, penalty, punishment; **la sanction juste**, condign punishment

la **scolarité**, (statutory) period of school attendance

la **sécurité sociale**, *French equivalent of* National Health, etc., services

la **série**, series; **le modèle de série**, production model

la **seringue**, syringe

la **S.N.C.F.** = **Société Nationale des Chemins de Fer français**, French Railways

le **sonomètre**, sound-meter (used by French police to determine excessive exhaust noise)

les **soubresauts** (*m. plur.*), sudden convulsive movements

le **sous-titre**, sub-title

la **speakerine**, (*T.V.*, *Radio*) woman announcer

S.R.P.J. = **Service Régional de la Police Judiciaire**

le **stade**, stadium, sports ground; stage, state

le **stationnement**, parking

le **statut**, 1. statute, rule. 2. status, place; **le statut primaire**, basic legal principle

stratifier, to pile on layer upon layer

le **stupéfiant**, narcotic, drug

subir, to undergo; to sit (an examination, etc.)

surenchérir, to bid higher, to go one better

en surface, here: at street level

susceptible (de), capable (of), likely (to)

susciter, to instigate; to arouse, incite

le **syndicat**, trade union

la **taille**, waist; size

tant s'en faut, far from it

la **tare**, blemish, inherent defect

la **télémétrie**, telemetry, range-finding

le **tir**, shooting; **tir à la lune**, 'moon shot'

tirer parti (de), to take advantage (of)

les **titres** (*m. plur.*), stocks and shares

le **titulaire**, here: appointed team member

titulariser, to appoint; here: to pick (for a team)

la **traite**, instalment repayment

la **tranche,** slice, portion; here: unit (of parking time)

le **transistor,** transistor radio
travesti, disguised

la **trêve,** truce; **sans trêve,** without intermission

le **type,** type; **l'équipe** (*f.*) **type,** representative team

U.N.A.R. = **Union nationale des Associations régionales pour la sauvegarde de l'enfance et de l'adolescence**

le **vélomoteur,** lightweight motor-cycle
vertigineux, dizzy, giddy
vidanger, to empty, to drain
viser, to aim

la **vitesse,** speed; gear
vivoter, to live a quiet existence

la **volée,** flight; **jeter à la volée,** to throw about at random, carelessly

le **zinc,** bar counter

la **zone bleue,** district of a large town in which parking is limited in time